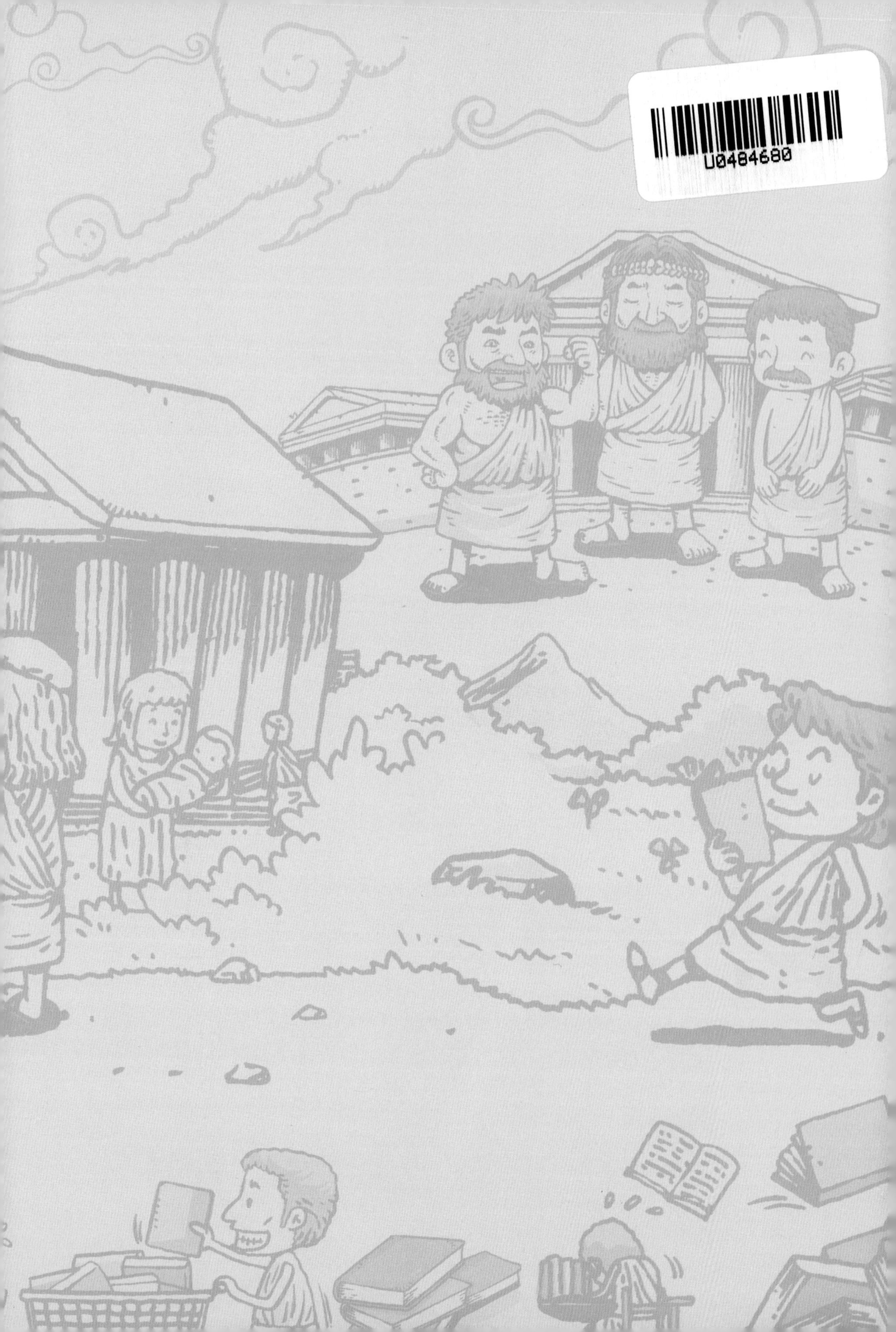

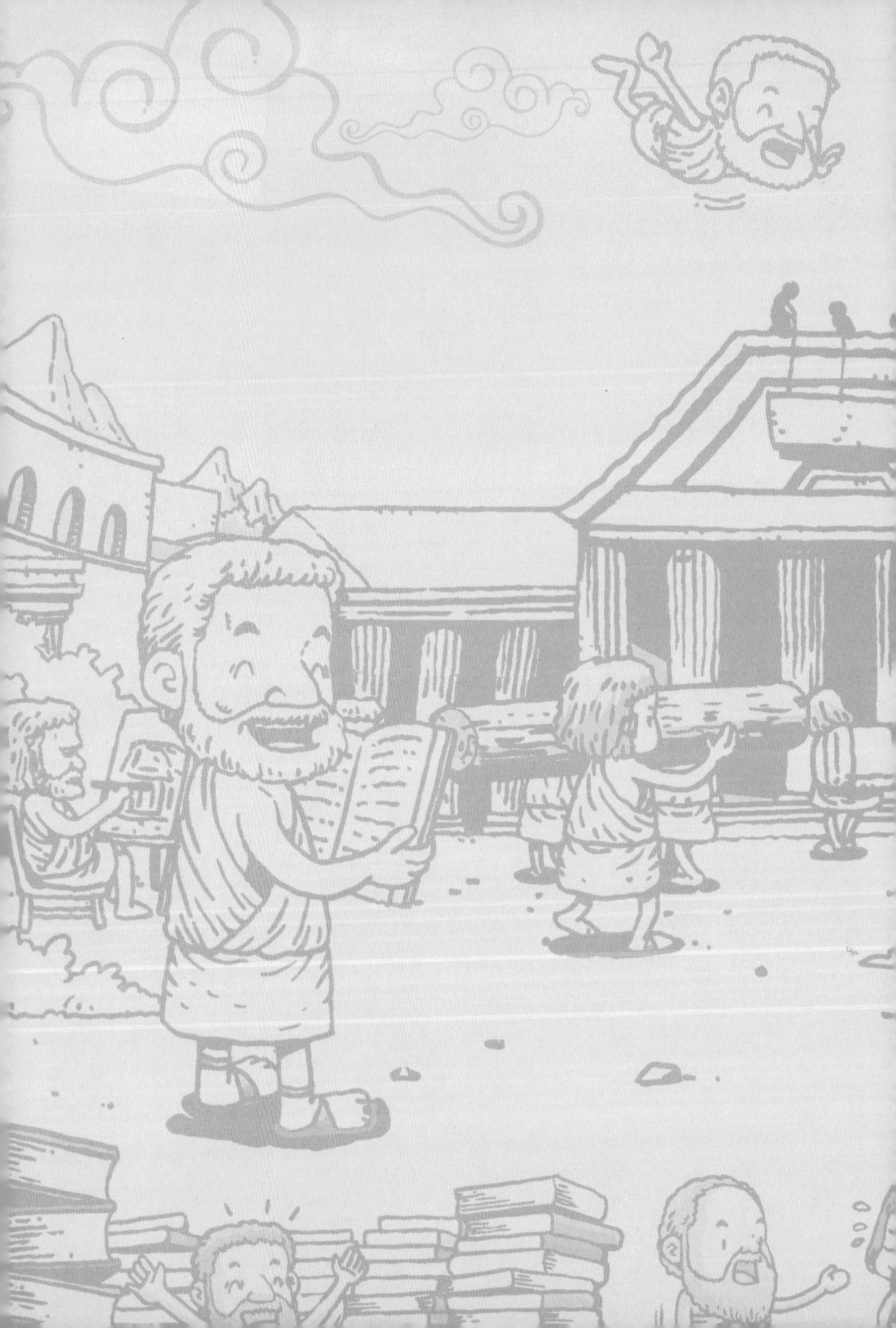

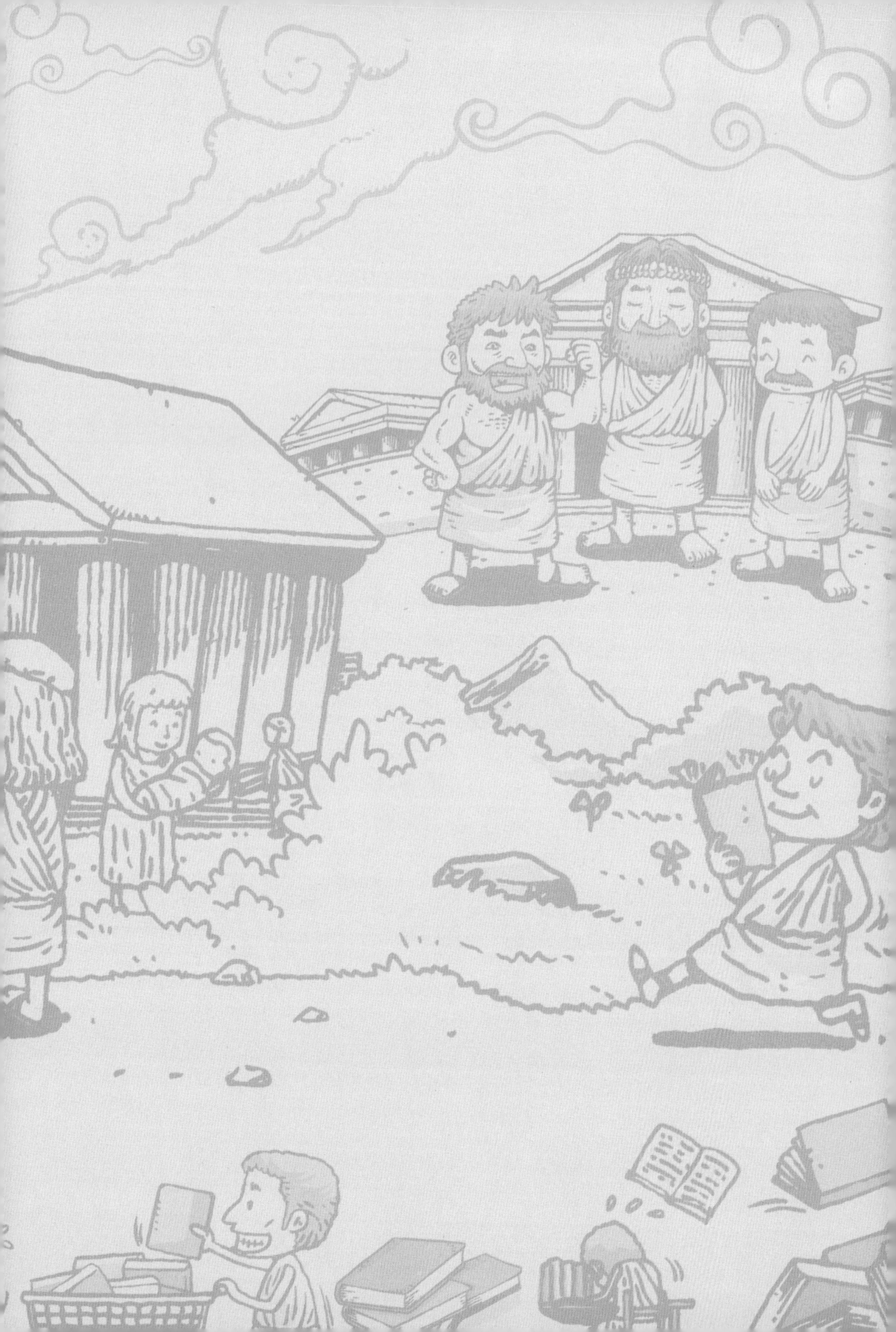

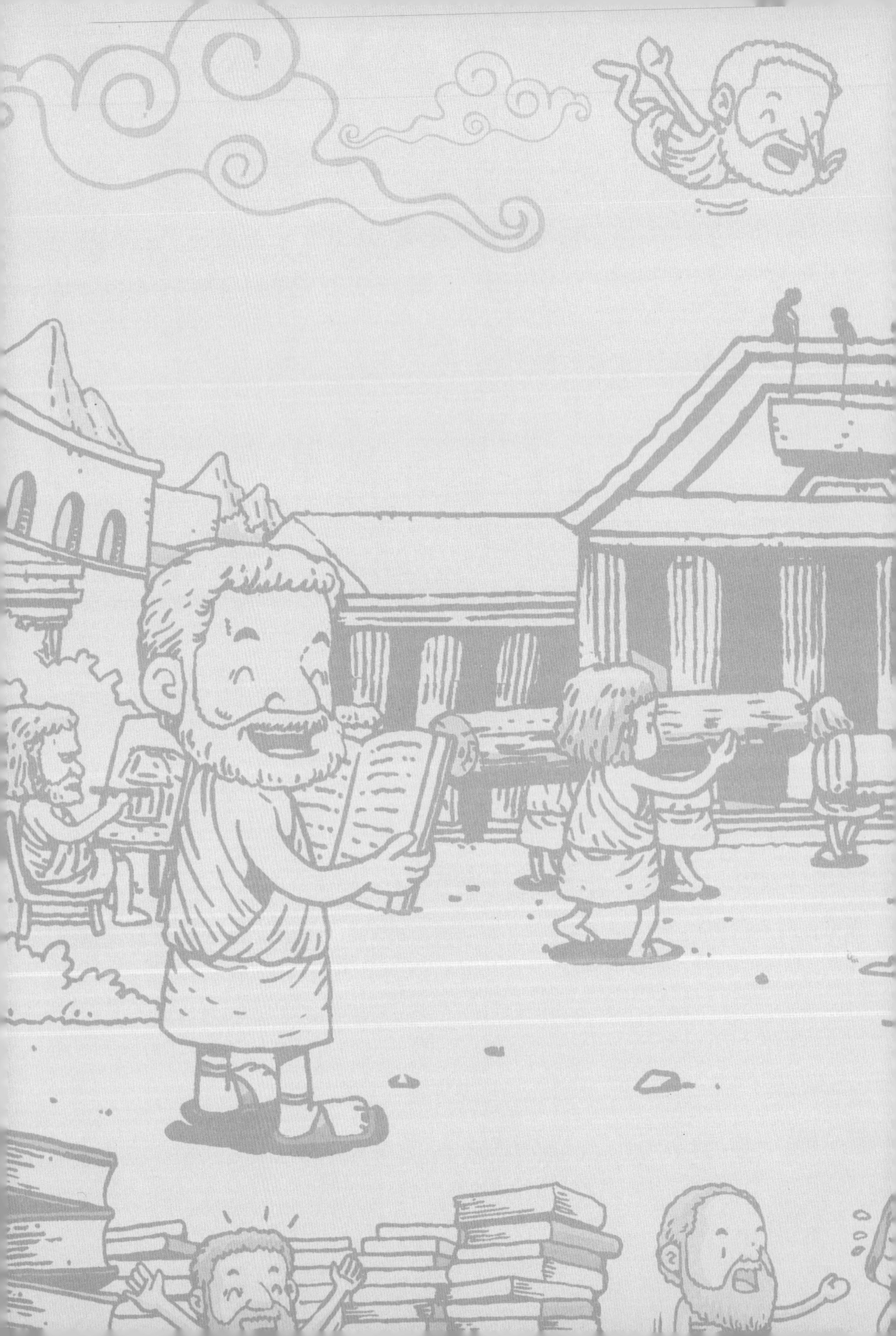

看漫画读经典系列

柏拉图的理想国

Politeia

［韩］孙永云 著　［韩］李圭涣 绘

杨俊娟　荀晓宁　周欣
刘倩　张树程　李子建 译

科学普及出版社
·北京·

图书在版编目（CIP）数据

柏拉图的理想国 /（韩）孙永云著；（韩）李圭涣绘；杨俊娟等译.
北京：科学普及出版社，2014.7（2023.8重印）
（看漫画读经典系列）
ISBN 978-7-110-08035-1

Ⅰ.①柏… Ⅱ.①孙… ②李… ③杨… Ⅲ.①古希腊罗马哲学—通俗读物 Ⅳ.①B502.232-49

中国版本图书馆CIP数据核字（2013）第001890号

The Republic by Plato Written by Sohn Young-Woon, Illustrated by Lee Kyu-Hwan,
Copyright © 2007 by Gimm-Young Publishers, Inc.
All rights reserved
Simplified Chinese copyright © 2014 by Popular Science Press
Simplified Chinese language edition arranged with Gimm-Young Publishers, Inc.
through Eric Yang Agency Inc.
版权所有　侵权必究
著作权合同登记号：01-2012-3089

策划编辑	任　洪　何红哲　周少敏
责任编辑	何红哲
封面设计	欢唱图文吴风泽
版式设计	青青虫工作室
责任校对	韩　玲
责任印制	李晓霖

出　　版	科学普及出版社
发　　行	中国科学技术出版社有限公司发行部
地　　址	北京市海淀区中关村南大街16号
邮　　编	100081
发行电话	010-62173865
传　　真	010-62173081
网　　址	http://www.cspbooks.com.cn
开　　本	787mm×1092mm　1/16
字　　数	251千字
印　　张	15
版　　次	2014年7月第1版
印　　次	2023年8月第13次印刷
印　　刷	北京顶佳世纪印刷有限公司
书　　号	ISBN 978-7-110-08035-1/B·65
定　　价	36.00元

（凡购买本社图书，如有缺页、倒页、脱页者，本社发行部负责调换）

让我们想象有一个洞穴，它有一条长长的通道通向外面，洞穴口外有一堆篝火。

假定有一些囚徒从小就被关在洞穴里，头颈和手脚都被绑着，不能走动……

| 策划者的话 |

透过漫画，邂逅大师
让人文经典成为大众读本

  40多年前，在我家的胡同口，有一个专门向小孩子出租漫画书的小店。地上铺着一张大大的黑色塑料布，上面摆满了孩子们喜欢的各种漫画书，只要花一块钱就可以租上一本。就是在那里，我第一次接触到漫画。那时我一边看漫画，一边学认字。从那个时候起，我就感受和领悟到了漫画的力量。

  漫画使我与读书结下不解之缘。慢慢地我爱上了读书，中学时我担任班里的图书委员。当时我所在的学校，有一座拥有10万册藏书的图书馆，我几乎每天都要在那里值班，边打理图书馆边读书，逗留到晚上10点。那个时期，我阅读了大量的书籍。

  比如海明威的《老人与海》，和我同龄的孩子都觉得枯燥无味，而我却至少读了四遍，每次都激动得手心出汗。还有赫尔曼·黑塞的《德米安》，为我青春躁动的叛逆期带来了许多抚慰。我还曾经因为熬夜阅读金来成的《青春剧场》而考砸了第二天的期中考试。

  那时我的梦想就是有朝一日能经营一家超大型图书馆，可以终日徜徉在书的世

界；同时，我还想成为一名作家，写出深受大众喜爱的作品。而现在，我又有了一个更大的梦想，那就是创作一套精彩的漫画书，可以为孩子们带去梦想和慰藉，为孩子们开启心灵之窗，放飞梦想的翅膀，帮助他们更加深刻地理解自己的人生。

这套书从韩国首尔大学推荐给青少年的必读书目中精选而出，然后以漫画的形式解读成书。可以说，这些经典名著凝聚了人类思想的精华，铸就了人类文化的金字塔。但由于原著往往艰深难懂，令人望而生畏，很多人都是只闻其名，却未曾认真阅读。

现在这套漫画书就大为不同啦！它在准确传达原著内容的基础上，让人物与思想都活了起来。读来引人入胜，犹如身临其境，与那些伟大的思想家们展开面对面的对话。这套书的制作可谓是系统工程，它是由几十位教师和专家组成的创作团队执笔，再由几十位漫画家费尽心血，配以通俗有趣又能准确传达原著精髓的绘画制作完成。

因此，我可以很负责任地说，这是一套非常优秀的人文科学类普及读物。这套书不仅适合儿童和青少年阅读，也适合成人阅读，特别是父母与孩子一起阅读。就如同现在有"大众明星""大众歌手"一样，我非常希望这套"看漫画读经典系列"图书，可以成为广受欢迎的"大众读本"。

孙永云

|作者的话|

穿越两千年的智慧之光

很早以前，自人类的祖先成为土地的主人开始，就是以家庭为单位维系生存的。随着时间的流逝，家族逐渐壮大，并开始与周边交流，家族成了部落。各个部落聚集在一起，形成了一个更大的社会，我们称之为"国家"。人类要以国家的形式生存发展，就必须互助协作。当时的人们已经意识到，通过相互之间的分工与交换，可以更方便地解决衣食住等问题，而以国家的形态生存也可以更好地抵御外敌的入侵。

因此，在国家的形态下，个人的生活应该是便利而安全的，但事实却并非一定如此。柏拉图所生活的古希腊的雅典，人民经受着频繁的战争和动荡不安的政治体制，还有各种传染病肆虐，这些问题都让国家无法正常发挥作用。柏拉图目睹了他最尊敬的老师苏格拉底因政治原因而被迫饮下毒酒身亡。这一幕给出身雅典贵族家庭的柏拉图带来了极大的震撼，促使他开始深入思考一些问题：人应该怎样活着？要想这样活着，国家又要发挥怎样的作用？

这样，就有了后来的《理想国》。在《理想国》中，柏拉图主张，为了让所有人能够幸福地生活，必须建立一个正义的国家。他认为，能够实现善与正义理念的国家才是正确的国家，国家的目标应该是为全体人民带来最大的幸福。

在阅读柏拉图的《理想国》时，很多内容都让我频频点头：如果真能那样，该是一个多么美好的世界呀！当然，对于有些内容，我也觉得过于理想化，而缺乏现实性。但无论怎样，柏拉图的《理想国》，对于建设一个人人渴望的正义、幸福的国家，或者说建设一个正确的国家，在今时今日仍有着非常重要的指导意义。

阅读《理想国》原著你会发现，书中从始至终都是围绕着寻找正义思想的对话。柏拉图认为，个人的正义是国家正义的根本，要建立正义的国家，每个公民都要遵守自己的原则，做好自己的事情。换言之，所有公民都要充分履行自己的义务，尽守自己的本分。这个道理看似简单，但却充满智慧。或许也正是这个缘故，柏拉图的《理想国》才能穿越两千多年的岁月流传至今，成为一代代人推崇的经典之作。

孙永云

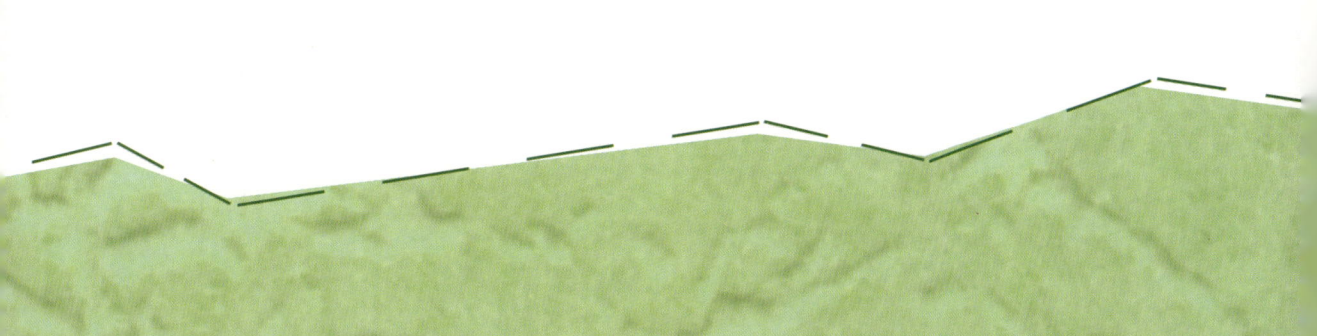

| 绘画者的话 |

走进柏拉图心中的"理想国"

"认识你自己"是著名的古希腊哲学家苏格拉底的一句名言,他和他的学生,也就是《理想国》的作者柏拉图,都是我们耳熟能详的大哲学家。为什么他们的名字至今仍被无数人挂在嘴边,他们的思想精华是什么,这些问题大家知道吗?在一切都瞬息万变的今天,"哲学"似乎已经成了枯燥乏味的代名词。

但是,人总会有思绪飞扬或是自我反省的时刻,而这样的瞬间,实际上就是人们在进行哲学性思考。换句话说,人类本就是思想的动物,每个人都可以成为哲学家,每个人也都是哲学家。因此,不要总是抱怨哲学的乏味,而应该努力去感受每个瞬间的哲学思考。

当意识到这一点以后,哲学便离我们的生活很近了。

这本书的内容从书名就可以一目了然。《理想国》讲述的是"国家"和"个人"的关系。它告诉我们,个人应该怎样做,才能有助于建立一个理想的国家。书中苏格拉底和众人的对话,理解起来可能不是那么容易,但是他们为建立理想之国而不遗余力的样子,相信一定可以感动各位读者。

当今世界上有许多国家,作为其中一员,韩国是民主制国家。当然,在《理想国》中,柏拉图并不认为民主政治是最好的。不过我们始终在努力建设一个能够服

务于大众、正确反映大众意见的国家。对于我们的幸福生活来说，让国家成为最根本的保障，是一个重要的开始。行使选举权，选出带领国家走上正确道路的首脑，积极参与各项社会活动，这些都与每个人的幸福有着直接联系。从这一点来说，对于现在的青少年，同时也是国家未来的主人，柏拉图的《理想国》也有着非常重要的现实意义。

在书中柏拉图借他的老师苏格拉底之口，说出了一系列智慧之言。什么样的人应该成为统治者？什么样的国家最为理想？为了建立理想的国家，我们每个人又应该做些什么？

认真倾听柏拉图写下的一段段对话，一定可以让我们获得知识和力量，看到国家未来的发展方向。

李圭浹

| 目录 |

策划者的话　透过漫画，邂逅大师
　　　　　　让人文经典成为大众读本　4
作 者 的 话　穿越两千年的智慧之光　6
绘画者的话　走进柏拉图心中的"理想国"　8

第1章　《理想国》是一本怎样的书　12

第2章　柏拉图是个什么样的人　34

第3章　什么是正义　54

第4章　正义的本质与国家的起源　78

第5章　护卫者的教育和生活　98

第6章　国家的正义和个人的正义　116

第7章　哲人统治的国家　136

第8章　统治者的资质和善的理念　156

第9章 哲人统治者的诞生 170

第10章 堕落的国家和堕落的灵魂 186

第11章 心中的理想国 202

第12章 对正义人生的奖赏 218

深入阅读

伟大的哲学家苏格拉底 30
写给我亲爱的丈夫苏格拉底 32
锡拉库萨和阿基米德 52
诡辩家的世界 76
国旗告诉你 96
帕累托和精英主义 114
潘多拉的盒子 134
活在阴影下的古希腊女性 154
柏拉图与亚里士多德 168
你了解辩证法吗 184
为公民服务的民主制 200

第1章 《理想国》是一本怎样的书

柏拉图！这个名字大家很熟悉吧？

大家好，我是柏拉图，很高兴认识你们！

那么，柏拉图是因为什么被人们熟知的呢？

听说过"柏拉图式的爱情"吗？或许有一天，你也会成为一场轰轰烈烈恋爱事件的主人公呢？

所谓柏拉图式的爱情，指的是男女之间纯粹的精神恋爱。

只要见面，就感到很满足。

虽然被冠以柏拉图的名字，但实际上与柏拉图毫无关系。

完全无关

不过，柏拉图也的确曾在他的许多著作中为"爱"呐喊。

但那是指“爱智慧”，或者也可以叫作“哲学”。
智慧
哲学
叮咚！到这里，
我们得到了一条线索。
闪光
那就是，柏拉图是一位哲学家。
没错！
我是哲学家。
柏拉图是很久很久以前的一位伟大哲学家，生活在一个叫作希腊的遥远国度里。
这里要介绍的这部叫作《理想国》的书，就可以很好地证明柏拉图的伟大。
这本书原本叫Politeia。
POLITEIA
从字面来看，翻译成“政治体制”可能更准确。
那本书不是叫《理想国》吗？
对朋友介绍时一直说成《理想国》，那就继续用下去吧。
政治体制
阅读这本书，几乎就可以了解柏拉图的全部哲学思想。
柏拉图的主张，差不多都包含在这本书里了！
啧
啧
形而上学
认识论
政治学
伦理学
它涵盖了几乎全部的哲学领域。
如今无论哪里，《理想国》总是列为必读书目。
理想国
它也是柏拉图所有著作中最伟大、最具规模的一部。
我的骄傲，我的《理想国》！
它原本是一本非常厚的书。
每卷这么厚，多达十卷。

这十卷中，第一卷是柏拉图在精力旺盛的青年时代写的。

> 写完这一卷，我也告别了我的青春。

其余九卷，创作于思想更加成熟的中年后期。

> 随着年龄的增长，思想也变得更加深刻……

《理想国》以苏格拉底与众人对话的形式展开讨论。

SOCRATES

> 大家好，我是苏格拉底。

有一个美中不足的地方，就是出场的人物名字太长、太复杂。

> 我的名字是玻勒马霍斯……
> 因为时代和文化不同，这也是没有办法的事情嘛。

所以，在下面的介绍中就省略了他们的名字。

> 谈话的内容比名字更重要。

不过，有那么多有趣的比喻和言谈，读来一定不会让人觉得无聊。

> 我最擅长用比喻来说明问题了。

柏拉图100

特别是柏拉图把我们已知的现实世界比喻成投射在洞窟中的阴影，还有"古各斯戒指"的故事，这些都是现在大学逻辑考试中的"常客"。

> 那就是这个世界的全部吗？

可是，在柏拉图的书里，为什么柏拉图自己没有出现，而只出现了苏格拉底呢？

震惊

难道是有什么特殊的原因……是柏拉图太害羞吗？

> 那当然是有原因的。

拒绝出镜

原因就是，苏格拉底与柏拉图有一层特殊的关系。

> 苏格拉底正是我的老师。
> 惭愧，惭愧。

14　柏拉图的理想国

柏拉图出生和成长在公元前5世纪，那是人类思想史上一个光芒四射的时代，释迦牟尼、孔子、苏格拉底全都活跃在那个时期。

嘿，大家都准备好了吗？

当然啦。

让我们一起努力吧！

苏格拉底与释迦牟尼、孔子一样，没有留下任何著作。

我整天忙着教学生，哪还有空写书啊？

而苏格拉底的学生柏拉图却留下了多达30余部著作。

努力，努力！我能留下的就只有这些书了。

这些书都是围绕某个主题，以对话形式写成的，就好像由演员们朗诵的一出出戏剧的台词。

我写的这些书可以叫作"对话体"。

"对话"中的人物全都是历史上真实存在的人，通常以苏格拉底作为主人公。

我一直生活在老师的影子下。

哈哈，了不起的学生。

因此可以说，柏拉图著作中所讲的，既是自己的哲学，也是苏格拉底的哲学。

我完美地继承了老师"美德即知识"的思想。

在《理想国》中，柏拉图提出了"理念"的存在，而理念只有靠智慧才能"看到"。

万物皆有理念。

柏拉图认为，应摒弃旧有习惯和道德，在哲学信念和想象力基础上建立一个全新类型的国家。

第1章 《理想国》是一本怎样的书　15

柏拉图在书中描绘的国家，就是他所主张的一种政治理念。

我心目中的国家，当然要符合我的理想。

理想国

他的想象力真是丰富呀！

想象力是不该受任何限制的。

哲人统治者，废止私有财产，共同生活……

这就是共产主义吧？

柏拉图主张共享配偶与子女，为了保证优秀人才应对生育加以管理。

为什么国家还要管个人的生育问题？

因为生育是人类问题的出发点。

他把国家看作一个巨人，

人的灵魂是由理智、激情和欲望三部分组成的。

认为国家由统治者（理智）、军人（激情）和生产者（欲望）三个阶层构成。

只有这样的组合，才能实现"正义的国家"。

绝对忠诚于统治者，维持既定秩序，就可以实现理想的国家。

哇呀

柏拉图所主张的是现实中很难实现的理想国家模式。

这一点我也无法否认。

或许他想做的，是告诉人们应该追求的方向。

通向美好国家之路

西方历史上也曾经有过强调统一秩序和等级制度的统治时期。

柏拉图的理想国

第1章 《理想国》是一本怎样的书 17

第六卷描绘的是哲学家追求的人生，并通过太阳和光线的比喻，来说明“善”的理念。
理念就如同太阳。
有阳光，才能有我们。
第七卷中通过“洞穴的比喻”，明确地论述了“善”的理念，认识的对象及认识的阶段。
在洞穴外面有什么？
什么也没有。因为全部都在洞穴里。
第八卷讲述了不同的政治体制，并提出“哲人政制”是最好的政治体制。
只要跟随我，就能创造一个理想国。
?
并论述了荣誉政制、寡头政制、民主政制、僭主政制的演变过程。
我的话就是法律！你们必须无条件地服从！
第九卷中明确描绘了僭主统治下个人的种种不幸。
这样下去真是没法活了……
无论怎样，都会被悲惨地折磨到死！
最终得出的结论就是，行使不正义就会变得不幸。
赶走独裁者！
哎呀呀！
第十卷中，展开讨论的是“诗人驱逐论”，内容是关于灵魂不灭和死后的奖赏。
死了以后，或许就可以找到理想国了？
理想国一定是存在的。
简单地归纳一下，《理想国》从讨论“什么是正义”的对话开始，然后分阶段逐步剖析了怎样实现理想的、正义的国家。
在论述过程中，关于人与社会的各种问题都被一一地摆到了桌面上。
柏拉图将他的主要思想与他的“乌托邦”主张结合在一起，通过我们几个人的口进行了阐述。

历史上第一个使用"乌托邦"这个词的人，是16世纪初期英国的人文主义学者托马斯·莫尔。

"乌托邦"是希腊语"乌（没有）"和"邦（地方）"的合成语，意思是"这个世界上不存在的地方"。

托马斯·莫尔创作《乌托邦》时，受到柏拉图《理想国》与圣·奥古斯丁《上帝之城》的极大启发。

不止是莫尔，迄今为止，人类在很多文学作品中都曾描绘过各种各样的理想世界。而柏拉图的"理想国"或许算最早的一个。

呵呵，我是先驱者。

那我就是第二名，我是说在乌托邦这件事上。

亚特兰蒂斯也是一个理想国……不都是一脉相承下来的吗？

我也创造过这样的理想国，快听我说说。

在柏拉图的理想国中，哲人被推选为最理想的统治者。

什么是哲人？是铁人*吗？要让铁手铁脚的机器人来统治人类吗？

哼，是不是科幻电影看多了？

还是铁人三项赛的选手？

我们说的是理想国，不是体育国。

*译注：韩语中"哲人"与"铁人"谐音。

这里所说的哲人，指的是哲学家。

政治是一门学问，也是一种技巧，所以只有拥有智慧的哲学家才具备统治国家的资格。

柏拉图详细解释哲人政制的必然性和优越性，并按照优劣顺序指出其他类型的国家。

现在按照我说的顺序排好队。

我，我第一？

什么？不是说我第一吗！

第1章 《理想国》是一本怎样的书 19

20 柏拉图的理想国

只要能获得大众的支持,不管是谁都可以成为领导者。门外汉有时也会因为拥有超高人气而被选举上台。

> 如果你们选我当总统,我会无条件地送给每个人一套公寓!

哇~好

而且,也有可能有人只是因为出身于特定集团,而被选为领导者。

> 那个人是我邻居的亲家的远房弟弟。

> 原来是亲戚呀,那就选他好了。

尽管如此,也不能把民主制看作是一种寡头制*。

> 不好,民主制很不好!

坚决反对民主制

难道,民主制曾经给柏拉图留下过什么不好的回忆吗?

> 是的,非常痛苦的回忆。

发抖 发抖

现在就让柏拉图自己来说说,到底是什么不好的记忆吧。

> 老师!

> 是柏拉图呀,快进来。

* 寡头制:由具备经济能力的少数富有阶层统治的制度。

我非常尊敬我的老师苏格拉底,甚至超越了我的父母。可是,当时雅典的政治状况非常混乱,

> 啊!

> 苏格拉底,我们要逮捕你!

老师被那些愚昧的民众执行了死刑。

> 苏格拉底,死刑!

这种愚昧行径,在后来的人类历史上也在不停地上演。

> 我们是这个国家的主人!

> 我们平民的话就是法律!

哇啊啊

难道这就是民主制的真面目吗?呜呜,这些坏人……

> 老师,呜呜呜呜——

第1章 《理想国》是一本怎样的书

苏格拉底不是政治家，为什么会被处死呢？
难道只因为我是个哲学家？
那时候的希腊，到底发生了什么事呢？
哇!!
啊!!
下面就让我来解开这些疑问。
听完以后，你们就能理解我了。
抽泣
可以说，古希腊是西方文明的发源地。
也是古代民主思想的摇篮，开创奥林匹克运动会的国家。
此外，它还因神话与哲学闻名于世。
你一定听说过希腊神话吧？
刺啦啦
很久以前，在希腊这片土地上就形成了许多城邦。现在雅典、斯巴达、奥林匹亚等地仍留有遗迹。
神庙和宫殿等古代文明的遗迹，宏伟而庄严。
整个希腊都是著名的旅游胜地，每年有超过500万的游客涌向这里。
现在的希腊经济中，旅游产业占据了极大的比重，据说可以达到整个GDP的20%。
我们希腊人都是托了过去那些灿烂历史和文明的福啊！
2004年奥运会就是在希腊的雅典举办的。
ATHENS 2004

在古希腊的城邦中，雅典是最早实行民主制的。
这里就是古代民主思想的摇篮。
所有成年男子都可以直接参与政治活动，也可以参军。每个人都会负责一些公共事务，
我的城邦，事情当然应该由我来做。
我要保卫我的城邦。
但并不包括女人和奴隶。
在当时，这种情况已经是非常民主了。
人民乐于进行各种讨论和辩论。
我们要找到一种方法，让国家变得更加民主。
太好了！今天的议题就是民主制！
但对外，雅典正受到波斯和斯巴达的威胁。
大家都对我们虎视眈眈。
雅典真是个让人眼馋的地方。
柏拉图生活的雅典，当时刚刚结束了与波斯的战争。
平民全副武装地参与到战争中，最终取得了胜利。因此，人民情绪高涨，也提出了更多的政治要求。
雅典能保住，都是谁的功劳？
我们出生入死保卫国家，我们该是主人！
民主政治的代表人物伯里克利，为了对抗贵族的执政机构“战神山议事会”而组织了“五百人议事会”。
我们必须要压制住贵族的力量。
人都是平等的！
最终，平民接掌了一直由贵族担任的最高执政官职位。
我得票最多！
多数决议原则最好！
执政官

事态持续发展，曾经拥有政治特权的贵族们当然会心怀不满。
现在，贵族和平民竟然成了一样的人！
平民的势力太大了。
这些狂妄的家伙！
打仗啦！斯巴达人攻进来了！
噔噔噔~
啊？
雅典和斯巴达在伯罗奔尼撒战争中一决胜负。
冲啊
哼，那些平民真是太嚣张了。
反正活不下去了，干脆站到斯巴达那一边吧！
没错！我也这么认为！
在斯巴达，贵族还能过得舒服些！
雅典的贵族们大部分都背离了祖国，站到了敌人的队伍里。
啊，这不是自己人打自己人吗？
从现在开始，我们是敌人了。
咚咚咚咚
最终，这场战争以斯巴达的胜利结束。
哈哈哈，是不是太容易了？
征服一个内部分裂的国家，当然很容易。
斯巴达人让希腊人中一些最靠拢自己的人成为雅典的领导者。
就由你们来管理雅典。
遵命，谢谢您。
这些人就是臭名昭著的三十僭主。
哈哈哈，我们都是站在斯巴达这一边的贵族。
我就代表法律！民主？我听不懂！
啪
啪

三十僭主完全废除了当初伯里克利为了限制贵族力量而制定的法律，并将民主派全部处死。
现在是贵族的世界了。
民主制，再见吧。
那时候，至少有1500人被处以死刑。这个数字要比在伯罗奔尼撒战争中死亡的雅典平民还要大。
三十僭主中有两个人最讨厌民主派。
我是克里蒂亚斯。
我是查米德斯。
我们最恨民主派。
这次一定要斩草除根！
消灭民主制
这两个人都是柏拉图的舅舅。
他们都是我热爱的家人。
柏拉图正是出身于代代掌管雅典政权的贵族之家。
柏拉图出身名门。
所以，可能他从小就被灌输了非民主的世界观。
我们天生就是高贵的人。
但是，三十僭主的恐怖统治并没有维持太久。
哇啊啊
嗯？什么声音？
霍地坐起
不到一年，平民就发起了反击。
贵族们都出来！
我们一定要你们血债血偿！
啊，这……怎么会这样……
克里蒂亚斯和查米德斯被处以了极刑。

之后，柏拉图的老师苏格拉底也遭到了民主派的起诉。
罪犯苏格拉底，你清楚你自己的罪行吗？
给他定的罪名是亵渎神灵和蛊惑年轻人。
苏格拉底，死刑！
正确的判决。
啊！
也有人说，苏格拉底被处死其实另有原因。
老师是无罪的！
在与苏格拉底的辩论中，名誉和自尊曾经受到伤害的人，出于报复将他送上了审判台。
你们要反驳我的意见吗？
哼，气死我了！
当时的著名辩论家，都曾与苏格拉底展开辩论，并全都败下阵来。
今天就这样吧。
那些对知识充满好奇的名门望族的年轻人，看到权高位重的人都败给苏格拉底，感到非常有趣。
真是精彩的演说。
太厉害了，老师。
因此，也有可能是那些在苏格拉底面前蒙受耻辱的人寻机报复。
真是太丢脸了……等着瞧，苏格拉底。
无论什么原因，最终的事实是柏拉图因为民主派而失去了他最崇敬的亲人和老师。
民主派都是我的仇人……
民主派
所以，与他的祖国雅典相比，柏拉图的理想国更接近于斯巴达统治时期。
我讨厌民主派执政的雅典。
雅典
斯巴达
斯巴达是一个由少数征服者统治多数被征服者的城邦。
软弱的家伙，当然应该服从！

雅典采取的是通过商业和贸易积累财富，且平民参与政治的社会架构。

自律性竞争就是民主制的基本！

我们雅典真是个好地方！只要努力，平民也能成为有钱人。

斯巴达为了防止阶层秩序出现动荡，则选择了禁止商业和贸易的自给自足式农业国形式。

如果人民羡慕雅典，那可就要头疼了！

必须禁止与周边国家之间的贸易往来。

在伯罗奔尼撒战争期间长大的柏拉图，所看到的雅典是一片混乱景象，食物匮乏，疾病横行，秩序混乱。

这是我的，快放开！

胡说，这是我的。

虽然是战争时期，可是也不该这样毫无秩序呀。

柏拉图分析了各种政治体制的优劣。

各种体制和政治家的最大缺点，都是无能与无知。

对雅典民主制的认识，也是从雅典政治的软弱无力得出的。

没有强有力的领导者，所以无法维持正常秩序。

由于雅典在伯罗奔尼撒战争中败给了斯巴达，因此这种想法变得更加强烈。

就算斯巴达的统治很好，贵族们也不应背弃自己的国家。

政治家和手艺人一样，必须要在自己的领域中具有专业性！

握拳

柏拉图认为，患者需要的是治病的专家，同样，国家也需要具备正确知识的专业领导者。

请让大夫开处方！

请向专业的政治家询问国家的问题！

当时，雅典的民主制是靠抽签来分配公职的。

今天是抽签的日子，我们快去抽签吧！

第1章 《理想国》是一本怎样的书　　27

在雅典，公民的身份是平等的，平民们认为，应该和贵族一样参与到公共活动中。
我们之间的不同，就只是年龄差别而已。
因此，当时抽签被认为是最民主的方式，因为它能给所有人均等的机会。
这次我是市长。
祝贺你，加油啊！
鼓
掌
政治可不是任何人都能胜任的。
柏拉图认为，自己所想象的理想国是所有政治体制的楷模。
理想国
在之后的《法律篇》一书中，他为能够实现这样的理想国开出了更加详细的处方。
法律篇
但是，柏拉图的种种主张却总是成为批判的对象，
我可不那么认为。
什么？
特别在反对民主制的国家形态这一点上。
因为是贵族出身，所以想法太狭隘。
儿童时代的伤害对我的影响太大了。
在历史上那些大思想家中，除了柏拉图，还有很多人也是反对民主制的。
哈哈，不错，我们全都反对民主制。
孔子
孟子
尼采
斯宾格勒
关于他们反对民主制的理由，以后有机会再学习！
既然这样，喊我们来干什么？
另一方面，直到今天，人们对于《理想国》的赞誉一直没有停止。
《理想国》是一部伟大的著作！
理想国
这本书是政治哲学的起源，包含了很多重要的问题。
它是第一本谈论理想国家的书。

在柏拉图的书中，充满了对政治和哲学，以及人类与社会相关问题的智慧解答。

就像把所有学科都集中在一本书里一样，这部著作也涉及了许多问题与答案。

也正是这个原因，直到今天，它都被奉为经典著作。

不过，读过之后你们就会知道，其中也不乏一些荒诞的内容。

他说民主制不好？哈哈哈，是在开玩笑吧？

柏拉图提出的方案过于简单，也是不足之处。

简单点儿不好吗？

尽管如此，干净利落得出结论的方式还是令人满意。

只有一条路！无需选择，只要走上去就行了。

虽然已经流传了2500多年，但是柏拉图描绘的理想社会还没有得以完全实现。

为什么？为什么？问题到底出在哪里？

问题实在太多了。

这种"理想国"只能是嘴上说说罢了。

那么，就只能扔掉，仰天长叹吗？

咳……不知道，不知道。

我们要做的，不是对柏拉图所提出的具体实施方案争论不休，而是尝试将他所描绘的理想国思想引入到现实生活中，培养自己的"问题意识"。

第1章 《理想国》是一本怎样的书　　29

伟大的哲学家 苏格拉底

▲ 苏格拉底，古希腊哲学家，柏拉图最尊敬的老师。
从苏格拉底开始，"认识你自己"才成为哲学的主题。

　　本书的主人公苏格拉底到底是一个什么的人呢？苏格拉底出生于距今2500年前的公元前469年，死于公元前399年。苏格拉底的父亲是一名雕刻匠，母亲是助产士。苏格拉底的容貌非常普通，甚至有些丑陋。身材矮胖，眼睛凸出，鼻子扁平，嘴唇肥厚。用现在的话说，是个"丑男人"。但他的智慧，却得到了人们的公认。

　　苏格拉底曾对自然的问题进行过深入的研究，但后来他把全部精力都集中到了人的问题上。在雅典的街道和集市里，他与人们展开深入的对话和交流，采用问答方式讨论哲学问题。他最喜欢讨论的问题有"什么能让人感到幸福""善到底是什么""勇气是什么"，等等。希腊的青年们被苏拉格底的智慧所折服，他们总是聚集在苏格拉底的周围，柏拉图就是其中之一。

但是，伯罗奔尼撒战争结束以后，希腊城邦统治者以"亵渎神灵，煽动青年"的罪名判处苏格拉底死刑。当时，他的学生们根本无法接受这样的判决，认为这是不可理喻的恶法，纷纷劝他逃跑，但遭到了苏格拉底的反对。最后，苏格拉底留下一句"恶法亦法"，坦然赴死。

苏格拉底是一位伟大的哲学家，他的思想奠定了西方文明的哲学基础。在苏格拉底之前，古希腊的哲学家们关注的是宇宙的起源与自然的存在，而苏格拉底却把人作为了哲学的主题。此后，人就成为了哲学关注的最重要主题。苏格拉底生活在道德沦丧的伯罗奔尼撒战争的混乱时期，他常常发出"认识你自己"的忠告，试图通过对人类道德的研究，努力将人们引领到正确的生活轨道上。

▲ 苏格拉底之死（1787年，达维特作品）

写给我亲爱的丈夫苏格拉底

你喝下毒酒身亡的样子，依稀浮现在我的眼前。我大声哭喊着劝你不要喝，可是你却让学生把我赶到门外。那一刻没能在你身边，将使我永远无法安心。

世上所有的人都认为我是一个恶妻。但是，这样的说法真的让我感到很难过。

如果你继承父业，成为一名雕刻匠，每天所想可能就是如何努力挣钱养育二个儿子。但是对于这个家你到底做过些什么呢？你对劳作漠不关心，终日游荡在街上跟人讨论哲学。当然，如果你也像别的诡辩家那样教书挣钱，我也完全能够理解你。可你却总是无偿地把自己的智慧传授给别人，并且完全不以为意。在我眼里，这样的你与一个懒汉根本无异。孩子们一天天长大，可他们有时候连饭都吃不饱……

我一个人实在无力负担这一切。

还有，当一个即将结婚的青年问你："结婚好？还是不结婚好？"，你的回答却是："结婚很好。如果遇到一位好妻子，你会生活得很幸福；而如果遇到一个坏妻子，你会成为一名哲学家。"从此，我在世人眼里就

成了"著名的恶妻"。当然，我的暴脾气也确实让我犯下了许多大错。

有时候我们会吵得很凶。当然，更多的时候是我一个人大喊大叫。因为我本来就是压不住火的脾气。可是你却只会耍赖皮，在那里嘿嘿地笑，从来不反驳我。我真的很讨厌你那副样子，所以才会用厨房的铁桶把泔水泼到你头上。任何一个正常男人都无法忍受这样的事，可你却一点都不生气，嘴角还带着微笑，泰然自若地说什么，"雷声过后就会下雨，这是大自然的规律。"听到你这么说，我其实也感到很抱歉，但是泼出的泔水无法收回，一向视自尊为生命的我，最后也没有向你开口道歉。现在想想，我没有理解你的深奥智慧，只希望你能一心扑在过日子上的想法，也太狭隘了。

今后无论发生什么事，我都会好好抚养三个儿子长大，希望能把他们培养成像你一样充满智慧，受到众人尊敬的学者。不过，我也会嘱咐他们，要在心里留一些位置给家庭和妻子。不要再让像我这样的平凡女子成为众人眼里的恶妻。

期待着与你重逢的日子……

克桑蒂贝

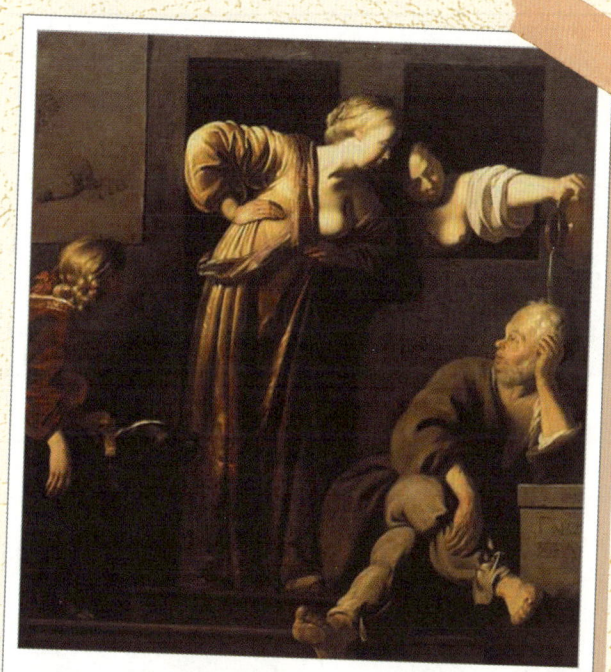

▲ 正在向苏格拉底泼水的克桑蒂贝。苏格拉底的妻子克桑蒂贝是历史上著名的悍妇。

第2章 柏拉图是个什么样的人

柏拉图是古希腊的哲学家，听到这样的介绍，你一定会觉得他是个乏味无趣的人，对不对？

哈~ 欠~

赶快抛弃这种偏见吧！读读他的著作，你就会知道他是有多么幽默有趣。

我是个很幽默的人，而且才华横溢。

但是，他很讨厌人们所推崇的民主制，

他以为我们拥护民主制的人都是傻瓜吗？

对于像我们这样的普通民众，他也完全不会在意。

他自己出身于特权阶层，当然会比较狭隘。

哼

如果你为此感到愤愤不平，其实大可不必。

朋友们，打开心结，让我们和解吧。

34 柏拉图的理想国

对于柏拉图的思想，虽然有许多批判的声音，

只会做白日梦。

他的理想国没有民主。

他是个很有问题的哲学家。

但是必须承认，柏拉图对整个人类都有巨大的影响。

不过……他的确是个伟大的哲学家。

所以直到现在，我们还在讨论他。

点头

柏拉图原名阿里斯托克勒斯（Aristokles）。

名字是不是有点长？

他出生于公元前427年，那个时期，雅典代表着古希腊最高的政治权利。

呜 哇

他的父亲阿里斯同出自名门，拥有雅典科德鲁斯王的血统。

呵呵，辛苦了，夫人。

呜 哇

母亲珀克里提俄涅是古希腊杰出政治家梭伦的后裔。

呵呵，没什么。

正是因为这样的血统，柏拉图从一出生，他的未来就已经被决定好了。

摇摇 晃晃

总之一句话，我天生就是政治家。

政治家之路

柏拉图从小体格健壮。

在摔跤比赛中三次获得胜利。

他曾作为骑兵参加了三次战役，并获得勋章。

快跑！

据说他的肩膀和额头都很宽。老师替他取名柏拉图（宽广之意）。

我不喜欢白来的东西，哈哈！

免费

他有深厚的文学修养，熟读荷马等诗人的作品。

第2章　柏拉图是个什么样的人　35

柏拉图20岁时，通过曾经领导寡头政权的舅舅克里蒂亚斯和查米德斯，认识了苏格拉底，
我叫柏拉图。
呵呵，你好！
并投到他的门下，开始学习哲学。
老师！
快来吧。
柏拉图认真参与到苏格拉底的各种讨论中。
如果有什么不同的看法，就请说吧。
在当时的雅典，政治是一切的中心，因此贵族们当然都很关注政治问题。
柏拉图也具备能够成为政治家的诸多条件。
贵族身份就已经注定了这一切。
为了解救陷入混乱中的雅典，他勇敢地投身政治圈。
只有好的政治，才能改变混乱的国家秩序。
政治
由于与苏格拉底宿命般的相遇，他进入了哲学的世界。
快进来吧！这里是全新的哲学世界。
要实现好的政治，必须知道什么是正确道路，但对柏拉图来说，现在只有宽宽的肩膀，却没有同样宽阔的知识。
你想走哪条路？
啊？
而能够醒悟到这种“无知”，恰恰就是哲学的开始。
呜呜，原来我以前什么都不懂！

但是，人生中似乎总是存在着转折点。

此路不通，请回。

啊！

苏格拉底，我们要逮捕你！

苏格拉底，死刑！

咚 咚

由雅典500名平民组成的议事会宣布对苏格拉底处以死刑，而目睹这一切的柏拉图从此对政治失去了兴趣。

哇 哦

老师……

那时候，柏拉图才28岁。

怎么会这样，这太荒唐了！

苏格拉底之死让柏拉图陷入困惑：到底应该怎样做才能实现一个正义的国家呢？

必须找到一个可以防止大众任意行使权力的理想之国。

理想国

柏拉图开始从教育而不是政治中寻找正义国家的可能性。

我要从事的，不是政治，而是真正的教育。

只有我的老师苏格拉底才是真正的哲学家。

柏拉图决心正式走上哲学之路。

我要追随老师的思想，那才是我应该走的路。

就这样，柏拉图离开了雅典。

第2章　柏拉图是个什么样的人

37

苏格拉底之死完全改变了他的学生柏拉图的人生道路。
让政治见鬼去吧，我要我的哲学！
嗖
但是，苏格拉底在临死之前留下的遗言却让人出乎意料。
老师！
真应该早些领悟其中的深刻含义……
我有一件事要拜托你们。
老师您请说吧。
纸笔都已经准备好了。
我欠阿斯克勒庇一只鸡，可别忘了还他。
什么？！
这就是公元前399年，饮下毒酒离世的苏格拉底留下的最后一句话。
老师，呜呜……
柏拉图没有忘记老师的遗言，并认真地记录了下来。
难道老师惦记的只是欠别人一只鸡吗？
这里一定包含了更深奥的意义。
也不知道后来学生们是否帮苏格拉底还了这只鸡。
大家凑一凑不就还上了吗？
无论怎样，柏拉图因为老师死去而离开了雅典。
我要上路了。
从这之后，一直到柏拉图40岁的生活，几乎没有确切记载。
28~40=??

最初三年，柏拉图与朋友逗留在希腊的迈加拉，然后是去埃及等地旅行，可以查到的记载也就只有这些了。

> 当时的游学，是哲学家的必修课程。

那个时期，柏拉图接触了毕达哥拉斯学派的西奥多罗斯等学者，并提出了著名的"理念论"。

> 西奥多罗斯先生，请教给我丰富的智慧吧。

说到柏拉图，就一定不能不说"理念论"。

> 可以说，"理念论"和"柏拉图"是同义词。

柏拉图所说的理念，是指可见的现实世界的原型。

我们所看到所感觉到的世界，只是"理念"的模型或翻版。

> 这么说是不是很难懂？让我来举个例子吧。

这是一幅肖像画。

> 大家知道，肖像画就是具体描绘模特形象的绘画。

如果没有模特，就画不出肖像画吗？

> 作为模特的人就是画的原型，就像是"理念"。

肖像画就是现实，而现实就是对作为模特的"理念"的模仿。

> 嗯，我很满意。画得真是太像了，呵呵。

柏拉图认为，只有在思维世界里才能掌握这样的理念。

> 理念不是可以看到或感觉到的，而只能通过头脑去领会。

人的感官能够感觉到的所有一切都是虚幻的，这些都无法成为真理的源泉，而只有看不见的理念才是永恒的真理。

> 我听说山的那边有理念。

> 真的吗？我怎么看不到呀？

第2章　柏拉图是个什么样的人

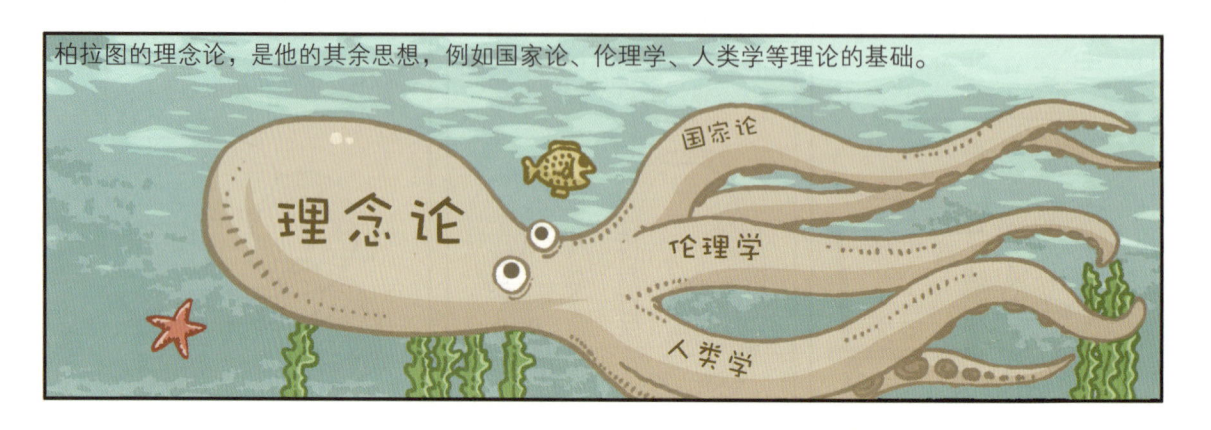

理念存在于所有事物中，其中"善"的理念是最高的。

我也有理念。
我也有。
我是最高的理念。

而且，所有理念都是以"善"的理念为目标。

我们也要努力成为"善"的理念！
好吧！

柏拉图的理念论，是他的其余思想，例如国家论、伦理学、人类学等理论的基础。

理念论
国家论
伦理学
人类学

40岁的柏拉图游历到了位于西西里岛东海岸的锡拉库萨。

在那里，柏拉图见到了僭主狄奥尼修一世和他的妻弟狄翁。

在《理想国》中，狄奥尼修一世被描写成暴君。

狄翁对于柏拉图的名望和思想都非常了解。

希望您能够在这里多停留一段时间，好向我们传授您的智慧。

但是，宫廷生活让柏拉图感受到的只是幻灭。

来吧，干杯！

他与僭主狄奥尼修一世的关系也很糟糕。

统治者不关心他的百姓，而终日沉迷于享乐，真太让人生气了。

你说什么？你这个傲慢的家伙！

40　柏拉图的理想国

最后，狄奥尼修一世下令让斯巴达人带走柏拉图并把他杀死。
柏拉图被人用绳子捆住，押到了斯巴达人的船上。后来他被辗转卖到了奴隶市场。
啊，你不是柏拉图先生吗？
你，你是？
你怎么会变成这样？
说来话长呀！
幸好遇到了好友，在那个人的帮助下，柏拉图才得以返回雅典。
差点就成为奴隶。以后，我要安静地写书，好好地研究哲学。
在柏拉图的对话录中，许多重要著作都是出自这个时期。
在42岁的时候，
我也应该像老师那样教授学生。
柏拉图开设了作为教学和学术研究根据地的“学园”。
闪一光
柏拉图学园
学园位于雅典西北部的郊外，紧挨着祭祀英雄阿卡德莫斯的圣地，因此也被称为阿卡德米学园（Academy）。
柏拉图学园是雅典四所哲学学校中创建最早、地位最高的。
任何事我都要做到最早、最好。

后来，Academy一词的含义逐渐演变为专门研究文学、科学、美术等内容的团体或学校。

现在大家明白Academy一词的出处了吧？

亚里士多德17岁时来到学园，成为柏拉图的学生，跟随柏拉图学习了20年。

柏拉图在学园里开讲各种哲学问题，并展开激烈的辩论。

当然，他也孜孜不倦地写作。

从那时开始一直到60岁之前的著作，一般被后人归为中期对话录。

在柏拉图60岁那年，

信！

哪儿来的信？

在锡拉库萨，狄奥尼修二世继承了父亲的王位。

狄翁希望让这位年轻的僭主了解哲人思想。

柏拉图先生，好久不见……

他提议，可以在锡拉库萨实现柏拉图所提出的理想国。

请一定要来教教我们！

柏拉图有些犹豫不决。

真的能在那里实现理想国吗？

其实，他深知自己的理想国是很难实现的。

这样的诱惑实在是太难抗拒了！

42　柏拉图的理想国

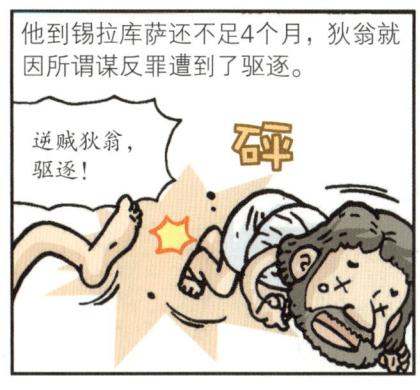

最后，柏拉图终于下定决心，他去了锡拉库萨。

> 我还是要试一试。

但是，那时的锡拉库萨充斥了各种政治阴谋和权术。

窃窃 私语

他到锡拉库萨还不足4个月，狄翁就因所谓谋反罪遭到了驱逐。

> 逆贼狄翁，驱逐！

砰

当然，年轻的僭主对于哲人思想也丝毫没有兴趣。

> 什么哲人、哲学？我才没兴趣呢！

柏拉图的境地变得非常尴尬。

> 邀请我的狄翁被放逐了，国王对这件事没有任何兴趣……

这时候，正好西西里岛爆发了战争。

杀 杀

柏拉图认为这是个机会，他留下一句话，就匆匆返回了雅典。

> 等国家稳定了，请再召唤我和狄翁回来。

杀呀—！

4年后，柏拉图虽然再次前往锡拉库萨，但狄奥尼修二世的态度依然与哲人统治相距甚远。

> 您好，好久不见了。

> 哦，是令人乏味的哲学家呀，有什么事吗？

> 唉！虽然过了4年时间，但却没有任何改变。

大失所望的柏拉图只好又回到了雅典。

> 再待下去也没什么意思了。

他在锡拉库萨的种种努力，显然都只是浪费时间。

> 难道实现哲人统治根本就是不可能的吗？

第2章　柏拉图是个什么样的人

在后来的13年中，柏拉图一直致力于研究学问。
在最后时期所写的对话录，被视为他的后期著作。
我要一直写到生命的最后一刻。
作为对话录的最后一部，也是分量最重的《法律篇》就是完成于这个时期。
经过这么多年，我的努力终于得到了回报。
法律篇
一直到80岁临终之前，柏拉图依然留在学园里，忙着传授各种学问。那是公元前347年。
他希望尽可能把自己的学说传递给更多的人，因此留下了许多著作，而且几乎完整地流传至今。
让更多的人读到我的书，这个愿望一定能实现！
按照不同时期，可以把柏拉图的著作分为早、中、后期。
初期的作品主要是记录老师苏格拉底的思想。
中期则开始展露自己的思想，并提出了“理念论”。
我开始把自己的思想加入到老师的思想中。
理念
后期则是对“理念论”的进一步论述和重新构建。
也可以叫概括整理吧。
其中记录苏格拉底被判决场面的《申辩篇》，描绘面对死亡时哲学家态度的《斐多篇》等都是非常著名的作品。
《会饮篇》原来的题目是“专题讨论会”，这在今天的人们看来一定是板着面孔，争论问题。
而我们那时则是一边饮着美酒，吃着美食，一边辩论问题。

除了思想方面，柏拉图的文笔也非常出色。良好的文学修养令他的作品字字珠玑，他留下的对话录也被奉为文学杰作。

> 我的灵感和想象力都很丰富，年轻的时候还一度想成为剧作家。

> 写得真好……

> 如果只是当作一本哲学书，是不是太无趣了？

> 不会的！这些都是展现柏拉图才华的著作。

例如柏拉图的《泰阿泰德篇》。这本书是从苏格拉底向著名的数学家西奥多罗斯介绍他的学生泰阿泰德开始的。

> 这本书的主人公依然是我，苏格拉底。

> 主演

> 不是因为他是我的学生才这么说，他的确是个很聪明的年轻人。

因为这名学生也和苏格拉底一样长着朝天鼻，所以西奥多罗斯连声回应：也不是因为外表才这样称赞学生的。

> 嘿，他天生就长了一副天才的样子。

众所周知，苏格拉底长相不佳，所以听到这种话，他只是会心一笑。

> 是的，我长得也不好看。

> 过来，坐到我旁边来。

> 是。

> 因为你长得和我很像，看到你才知道原来我自己的长相是这样的。

> 什么？

> 如果说某人长得像谁，能够轻易地就相信吗？或许应该先想想，说这话的人是不是一贯喜欢说反话呢？

第2章　柏拉图是个什么样的人

这个问题后面接着就该想想，他都知道些什么？

问题，问题，问题，问题，问题……

我不知道。

《泰阿泰德篇》深入讨论了究竟什么是知识这个问题。

啊呀，头疼死了，我到底是哪里做错了？

从这个故事看出，苏格拉底拥有能够把一个玩笑延伸为一个哲学问题的神奇能力，

玩笑里有骨头，呃！

而且不会因为别人嘲笑自己而发怒，这种泰然可不是一般人能做到的。

哈哈，为什么要那样耍我。

这里出场人物虽是苏格拉底，写下这些文字的却是柏拉图，

里面已经包含了我柏拉图的各种想法。

在柏拉图的其他对话录里几乎无一例外地包含了这样的玩笑，极大地增加了阅读的趣味性。

哈哈哈，我原来还以为哲学是很乏味的东西。

柏拉图的书真是太有意思了！

柏拉图还是一位非常严格的原则主义者。

《理想国》得出的结论是，理想的国家是不需要诗人的！我一定要把它付诸行动！

诗人

他批判诗人荷马，并决定将诗人们驱逐出理想国。

诗人都出去！

砰

诗歌固然很美妙，但是没有展现出真实理念。

太注重包装了。

他担心年轻人会被诗歌所描绘的美妙所迷惑，而失去理性。

追求美妙的东西难道不对吗？

嗯……你们已经失去了理智。

46　柏拉图的理想国

另外，他还提出了男女平等这一在当时极具冲击力的主张。

当时，雅典男尊女卑的思想非常严重。

难道比我们的古代还严重？

但这并不表明苏格拉底对女性的人权有特殊的兴趣。

我只是无法找出男人的能力比女人更强的证据。

柏拉图就是这样一个严格遵从自己的哲学原则和结论的人。另外，在实践哲学方面，他也是非常严格的。

这就是我经过充分思考后得出的结论！完美的结论还需要完美的实践！

柏拉图本来对政治充满野心。

我要成为一个优秀的政治家！

但苏格拉底改变了他。

如果老师还活着，我就能学到更多的学问……

柏拉图坚定地认为苏格拉底是"这个时代最正义的人"。

老师最棒！

谢谢，我的学生。

苏格拉底留下的作品很少，其思想大多都是通过柏拉图的著作流传下来的。

我没来得及留下什么著作……

苏格拉底通过学生柏拉图，成为了人类永远的导师。

我要通过我的双手和头脑，让老师的哲学流传于世。

但是，也有人认为，柏拉图并不是苏格拉底的学生。

不是？为什么？

第2章　柏拉图是个什么样的人

在《第7封信》中，柏拉图提到苏格拉底时，并不是称其为"老师"，而是称为值得尊敬的年长的"朋友"。

朋友？难道可以这么称呼自己的老师吗？

这个……

不过，这件事已经无从验证，因此我们可以略过。

我为什么要那样呢？哈哈。

那么，柏拉图自己的学生又是怎样的呢？

我也有很优秀的学生。

亚里士多德当然是首屈一指的。

柏拉图那么多学生里，最出名的就是我亚里士多德了。

这三个人的关系非常明确。

我是苏格拉底。

我是他的学生柏拉图。

我是他学生的学生亚里士多德。

苏格拉底是家境窘迫的平民。

柏拉图出身名门望族。

亚里士多德是当时最高权力者的朋友和老师。

好像是我胜出了？

17岁的亚里士多德遇到了当时已经54岁的大哲学家柏拉图。

两个人的师生关系持续了20年，一直到柏拉图离世。

可以毫不夸张地说，亚里士多德的精神世界是依赖柏拉图而形成的。

好像老师也是那样的。

柏拉图的理想国

亚里士多德受到同门学友的诸多称赞，柏拉图也对他的学术成就给予了极高评价。
我也这么认为。
但是，亚里士多德的志向却与老师截然不同。
嗯？你不是受到我的影响很大吗？
影响和志向并不是一回事。
柏拉图很重视数学，向往的是一种非现实的理想。
必须要找到理念。
而亚里士多德则更多地关注自然科学。
我要努力在现实中找到自己的理想。
这是两个人之间根本性的差异。可能就是这个原因，在两人之间形成了一道看不见的隔膜。
亚里士多德从父亲那里继承了大笔财产，生活非常富足。
疯狂热爱读书的他，买书的时候从来不会吝啬金钱。
这本要，这本也要。
柏拉图非常羡慕这个比自己富裕，而且拥有大量藏书的学生。
但柏拉图并不赞成藏书，他认为过分依赖图书，会让人记忆力下降。
只靠收集大量书籍，就能增长知识吗？
亚里士多德却对此不以为然，依然我行我素。
老师像老山羊一样，智力已经下降了。
你见过对老师如此不恭的学生吗？
啊……
怎么办？

不过，虽然亚里士多德在柏拉图生前经常发表一些不同的言论，但却从未背叛自己的老师。

> 我是真心追随我的老师柏拉图的，而且非常尊敬他。

而柏拉图之死则成为亚里士多德摆脱老师的契机。

> 老师……现在我要去走自己的路了。

柏拉图死后，42岁的亚里士多德收到马其顿国王的邀请。

> 让我去给10岁的王子当老师？

他接受了国王的邀请，在马其顿待了3年，教王子读书。

而那个孩子就是后来的亚历山大大帝。

> 我是亚历山大，听说过我的名字吗？我是一个伟大的国王，征服了希腊、波斯、埃及、北印度，建立了一个强大的帝国。

给亚历山大当了几年老师以后，亚里士多德返回了雅典，并建立了自己的学校。

> 这就是我的吕克昂学园。

他把毕生收藏的书籍都保管在吕克昂，数量之多令人咋舌，几乎可以媲美雅典的公共图书馆。

他开创了与柏拉图完全不同的、属于自己的哲学世界。

> 我与老师有很多不同的观点，当然要表达出不同的哲学。

老师应该认真传授学生知识，而学生则应该努力超越老师，开创属于自己的学术世界。

> 这才是最完美的师生关系。

如果学生只会鹦鹉学舌般地重复老师的思想，那么，这门学问就只会停滞不前。

> 那样的学生，是没有任何培养价值的。

> 没错。

另外值得一提的，是伊斯兰教徒把柏拉图和亚里士多德的思想传播到了欧洲。
欧洲
柏拉图的哲学从人类到宇宙，涵盖了几乎所有领域，并将之前各种不同的哲学思想全部包容统一在一起。
特别是我的理念论，可以说是支配了整个哲学史的思想。
理念
哲学史
当然，也有反对的声音。反对极权主义政治体制，强调开放社会重要性的当代西方科学哲学家卡尔·波普，就猛烈地批判了柏拉图。
始于柏拉图的乌托邦式的空想被黑格尔和马克思延续了下来，建设理想社会的这种想法，只会给人类带来不幸。
在我看来，柏拉图所说的理想国根本就是一个“彻底封闭的社会”。
禁止出入
不管怎么说，今后大家在学校学习到的各门学科里，如果追根溯源，就一定会看到柏拉图的身影。
咦？我们走的是不同的路，怎么会在相同的地方相遇？
柏拉图
是啊……因为这里是各种学问的源头嘛。
柏拉图构建了西方哲学的基本框架。
咚咚
无论什么，基础都是最重要的。
咚咚
即使2500年以后的现代哲学，也无法完全摆脱柏拉图的影响。英国哲学家怀特海是这样说的。
两千年的西方哲学史只不过是对柏拉图的注脚而已。
柏拉图虽然生活在距离我们很遥远的时代，但是他与他的思想却依然活跃在现代。
我虽然死了，但我的思想会永存。
理念

锡拉库萨和阿基米德

锡拉库萨是对柏拉图产生过重大影响的城市。柏拉图在锡拉库萨遇到僭主狄奥尼修一世,并思考了关于国家重要性的很多问题。

锡拉库萨位于意大利的西西里岛,曾经被古罗马的伟大政治家西塞罗赞颂为古希腊世界中最美丽的城邦。

公元前734年,古希腊的科林斯人因为人口增长之需,要开发新的领土。他们乘船在地中海游荡,考察了许多地方之后,发现了西西里岛。他们一举占领了西西里岛,然后在这里建立了希腊最早的殖民城市锡拉库萨。科林斯人把一直和平生活在这里的原住民变成了专门从事农业劳动的奴隶,而科林斯人自己则成为了地主、贵族,统治着锡拉库萨。公元前480年,僭主格隆打败了迦太基的军队,令锡拉库萨脱颖而出,成为希腊城邦国家之中的一股新势力。后来,锡拉库萨成为始于公元前3世纪的布匿战争的主战场,最终被古罗马夺取了政权,从此开始接受罗马人的统治。

锡拉库萨是古希腊伟大的科学家阿基米德的故乡,也是他故去的地方。在澡盆洗澡时发现了浮力原理,于

▲ 柏拉图,古希腊哲学家。40岁时,他游历来到锡拉库萨。

是大喊着"尤里卡（我知道了）"，赤身裸体地跑了出去。这就是阿基米德的故事。

第二次布匿战争时期，为了自己的祖国锡拉库萨，阿基米德凭借睿智的头脑开发了投石器和起重机，在与罗马军队的战斗中发挥了重要作用。尽管如此，锡拉库萨最终还是败给了罗马。锡拉库萨沦陷的那天，阿基米德正在自家的院子里解几何问题。他不知道离自己越来越近的影子是罗马士兵，还大声呵斥让对方退出去，不要破坏自己所画的图形，最终被发怒的士兵夺去了生命。作为战利品，罗马士兵从锡拉库萨掠夺了各种艺术品，让罗马市民目瞪口呆。当然，这些艺术品也对罗马的文明产生了重要的影响。

▲ 科学家阿基米德

在罗马占领时代，很多罗马人涌入锡拉库萨，因此，这里也留下了他们的许多文化遗产。

▲ 锡拉库萨保留下来的罗马圆形剧场

第3章 什么是正义

柏拉图所著《理想国》一书，采用的是对话体。

> 柏拉图的书不是都叫作"对话录"吗？

因此书中出现了许多人物，而且他们的名字不容易记住。

> 现在，我就按出场顺序介绍一下书中的重要人物，这些名字会在下面的讲述中经常出现。

最先出场的是苏格拉底。

> 大家好！我是柏拉图的老师，著名的哲学家苏格拉底。"认识你自己""美德即知识"都是我的名言。

柏拉图的理想国

下一位是克法洛斯。

我出生在锡拉库萨,在雅典经营了30年生产盾牌的工厂,挣了很多钱,非常富有。

下面的对话就是在克法洛斯家里展开的。

还有一位是玻勒马霍斯。

我是克法洛斯的长子。

他是苏格拉底的追随者。

我是您的崇拜者,老师。

不过,后来他被"三十僭主"处死了。

这一位是色拉叙马霍斯。

我是著名的诡辩家。

诡辩家(也称智者),指的是从公元前5世纪开始,在古希腊地区传授知识和特别辩论术并获取报酬的人。

我色拉叙马霍斯可是《理想国》第一卷中出场次数最多的人物。

还有阿得曼托斯和格劳孔。

我们俩是兄弟。

看上去人们都以为格劳孔是哥哥。

《理想国》第八卷中有我们俩人的对话……

我阿得曼托斯是哥哥。

我格劳孔是弟弟。

第3章 什么是正义 55

好了，出场的重要人物都介绍完了。

现在让我们去找苏格拉底吧。

苏格拉底和柏拉图的主要活动地点是古希腊的雅典。

当时雅典是地中海地区的一个小城邦。

当时的雅典城邦人口大约有20多万，其中包括奴隶8万。

那天，大哲学家苏格拉底与学生格劳孔一起来到距离雅典大约7千米的比雷埃夫斯港。

他们去那里是参加向朋迪斯女神的祭祀。在返回的路上，

！

他们遇到了玻勒马霍斯一行人。

哈！没想到我们会在这里见面。

玻勒马霍斯非常高兴，邀请他们去家里做客。

好久不见了，到我家去喝一杯吧。

在玻勒马霍斯的家里，他们见到了玻勒马霍斯的父亲克法洛斯。

欢迎，欢迎！

我有没有跟你们说过，我经营盾牌工厂30年，挣了好多钱的故事？

早就说过啦！

啊，不好意思，只是想强调一下我是个富有的人……

56　柏拉图的理想国

现在，以最年长的克法洛斯为首，苏格拉底、格劳孔、玻勒马霍斯、尼克拉托斯、阿得曼托斯等围坐在一起，开始谈话。

对了，在这里要说明一下。

《理想国》是用对话体写作的。

只要我提出问题，

我们就要回答问题。

年轻人读来，可能会感到枯燥，觉得我们在重复无聊的问题。而年长的人就不会有这种感觉。

所以，接下来会把原著中的对话转换成我们平常的语言来叙述。

啊！那样不会背离原著的意思吗？

原著

当然不会。不过，如果想看《理想国》原著，可以去图书馆找找看。

图书馆

这本书实在太著名了，大多数图书馆里都会有。

嗯，还真是！

首先，苏格拉底问克法洛斯。

跟我们讲讲你的老年生活吧。

说到老年嘛……

当时苏格拉底只有50多岁，所以还不能算是老年人。

我正当壮年！

第3章　什么是正义

57

而克法洛斯的年纪，应该跟同学们的爷爷、奶奶差不多吧。

有时候可能很难想象，老年人也曾经有过单纯而热情的青年时期。

那时候我无所畏惧。

如果继续往前追溯的话，他们也曾有裹着尿布哇哇大哭的时候哪。

那同学们呢？

我们？

10年以后，你们也会进入英姿焕发的青年时期。

再过几十年，你们就会变成叔叔、阿姨，

最后也将成为爷爷、奶奶。

吭哧，怎么变得这么老？

好伤心呀！

养老院

这就是生命的自然规律。

对于苏格拉底的提问，克法洛斯是这样回答的。

老人们碰到一起，就会怨天尤人，怀念青春时光。总觉得以前的生活有滋有味，而现在的日子根本不值一提。

有的老人会因至亲好友的不敬而伤感，认为自己的不幸都是由于年老造成的。

58　柏拉图的理想国

克法洛斯说，虽然老人们会想起年轻时的种种欲望和快乐，并为此感到伤感，

那时候是多么美好啊！

唉，还是年轻好啊！

但是，上了年纪以后，欲望会慢慢减少，人变得清心寡欲，就如同挣脱了暴君的束缚一般。

世事不必强求。

是啊，一切都应该看开些。

而且，年老之后感到悲伤与痛苦的人，问题大多不是出在年纪上，而是在于他们的生活习惯或性格本身。

年轻时不学无术，无所作为，年老以后就会感到愤懑不满。

及时行乐吧。

唉，一辈子一事无成。

然后，苏格拉底继续提问。

原来是这样。

性格当然重要，不过很多时候，财产是不是更加重要呢？

有了丰厚的财产，最大的好处是什么呢？

对此，克法洛斯给出了下面的说法。

丰厚财产的好处嘛……

觉得自己犯下很多罪行的人，

门锁好了吗？

煤气关好了吗？

因为恐惧而夜不能寐，总是生活在一种不祥的预感之中。

呜呜呜，连个安生觉都睡不了。

而一直坦荡生活，觉得自己问心无愧的人，

啊，又过了有意义的一天。

第3章　什么是正义

59

则可以轻松愉快地过日子。

明天一定会有好事情等着我。

因此，财产也是很有必要的。

克法洛斯继续说道，一个人如果有很多财产，就不必存心欺骗别人，

喂——成本价销售啦，绝对货真价实。

无须为了赚钱弄虚作假。

真的是成本价吗？

当然了！我从不说谎。

也不会欠下债务，或是亏欠神的祭品。

怎么办，今天应该向神明祭祀，能不能借给我一些钱。

那你一定要按时归还才行哦。

更不会做欠债不还的事情。就可以很正义地活着。

我一定要努力工作，尽快攒钱还债。

通缉令

人作为社会中的个体，要想生存下来，财产是必不可少的。

如果没有钱，就没法买粮食。

要想维护自尊，完整而体面地生活，钱财更是必需的。

没有钱，连衣服也买不起。

啊，变态呀！

当然，这并不是说，没有财产的人就不被当作正常人来对待。

请相信我，贫穷不一定代表我这个人很懒。

说到这里，苏格拉底提出了自己对"正义"的看法。

难道无条件地有话实说、有债照还，就算是正义吗？

下面，就让我们来探讨关于"正义"的问题。

正义

60 柏拉图的理想国

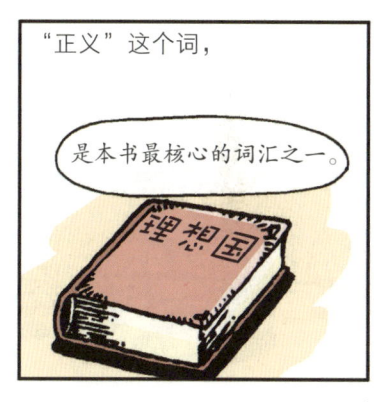

"正义"这个词，

是本书最核心的词汇之一。

在柏拉图的哲学中，正义代表的是智慧、勇敢与节制的完美组合，这些内容在后面都会逐一讲到。

这是原著的核心主题。从现在开始，只要出现关于"正义"的内容，就要集中起精神哪。

苏格拉底举出了这样一个反例。

曾经有一个人。

他的朋友在头脑清醒时将武器交给他保管。

这是非常危险的武器，你一定要好好保管。

放心吧。

后来，那位朋友疯了，来向他要回武器。

还给我！快把我的武器交出来！！

在这种情况下，当然不能把武器还给疯子朋友，

你看我两手空空，哪有什么武器呀？

也不能直接告诉他实情。

以前不是已经还给你了吗，你好好想想。

是……是吗？

克法洛斯想了想，表示同意苏格拉底的说法。

这个嘛，我倒是没有想到。

所以，"有话实说，有债照还"并不是正义的定义。

有话实说通常代表正义，但是也有相反的情况。

没错。

第3章 什么是正义

这时候，玻勒马霍斯插话。

我也想说两句。

他引用了西蒙尼得所说的话，"欠债还债就是正义"。

西蒙尼得出生于卡欧斯岛，是古希腊著名的抒情诗人。

关于正义的定义，每个人都有不同的看法。

苏格拉底先生的话也不是绝对正确的。

听了玻勒马霍斯的话，苏格拉底用他特有的辩论方式，

哈哈，没错。

挑出了西蒙尼得定义里的漏洞。

那我就要问一个问题喽。

苏格拉底问玻勒马霍斯：

那么，西蒙尼得所说的"欠债还债就是正义"到底是什么意思？

玻勒马霍斯这样回答：

就是说，朋友之间应该与人为善，而不能与人为恶。

可是，这里显然有一个破绽。

我明白了。

嘻嘻~

现在，玻勒马霍斯已经上当了！

啊！怎么回事？为什么那样笑？

不安

苏格拉底的反击开始了。

人们眼睛所看到的，并不一定百分之百属实。

62　柏拉图的理想国

有时会把朋友误解成坏人，而把敌人当作是朋友。

> 这……这真的是个误会。
> 什么误会！明明就是你偷的！
> 就是。我亲眼看见的。

说起来，难以正确区分敌友的事情其实并不少见。

> 只有你才是我的真正朋友。
> 哈哈，那当然了。
> 呜呜！

不过，同学们目前的人际关系还比较单纯，身边应该没有真正的"敌人"。

> 敌人？我们不都是一个学校的同学吗？

朋友也可以分为"好朋友"和"普通朋友"。

> 我们一起去上补习班吧。
> 好呀。

但是，长大以后，离开学校进入社会后，

> 哇哦，终于毕业了。

周围就会出现一些竞争者。

暗 一 算

> 啊？！

只是相互争论，并不一定就成为敌人，

> 这次会议的结果将决定大家能否升职，你们一定要认真发表意见。

但在有限的资源下进行竞争，必定会相互成为对手。

> 我一定要提出更好的构思。
> 所有的同事都是我的敌人！

对于"人眼所见并不代表完全正确"这一说法，玻勒马霍斯也表示同意。

> 这个嘛……人又不是神，当然不会那么完美啦。

也就是说，只有外表看上去好，实际行为也可靠的人，才能作为朋友。

> 你表面正直，却是个不守约的人！算什么朋友？
> 我……我，我只迟到了5分钟嘛。

第3章　什么是正义

当然，判断敌人的标准也是一样的。
表面看上去很坏，行为也很坏，这样的人就是敌人吧。
啊！
那就是说，把善给朋友，
朋友！我要把好消息告诉你。
谢谢你！
把恶给敌人，这样就是正义吧？
不要告诉那个人。
我知道了。
？
你怎么认为？这样的说法好像也不太对吧？
好像对，又好像不对……
正义
那些对我们做了坏事的人，当然要让他们付出代价，这难道不对吗？
住手！
正义
如果不采取报复，敌人也会觉得不对劲儿的。
正义之拳！
砰
还有，对于“不正义”就应该坚决反对，只有这样，“正义”才能存在。
哈哈，这才是正义的社会！
正义
正义社会
等一等！我可不那么认为。
苏格拉底认为那样并不是“正义”。
正义
不同意！为什么？
因为，是不是正义要看是否伤害到别人，
但……但是，我只伤害我的敌人。
无论是朋友还是敌人。

苏格拉底认为伤害别人总是不正义的行为。

你这么说好像也有道理。

我的反省

最后,玻勒马霍斯也不得不表示同意苏格拉底的观点。

老师说的是对的。

这时候,名叫色拉叙马霍斯的诡辩家终于开口了。

咚!

他像一只脾气暴躁的肉食恐龙一样吼叫起来。

我再也忍受不了啦!

哇呀呀~

苏格拉底和玻勒马霍斯一下子被吓得手足无措。

啊,吓死我了。

可能是想说却又憋了太久,色拉叙马霍斯先大吼了几声,然后才开始说话。

你们这样喋喋不休要到什么时候?

他对苏格拉底说:

不要只会向别人提问,你倒是自己先说说,究竟什么是正义?

哇!难道色拉叙马霍斯的职业就是传说中的诡辩家?

什……什么?打什么岔呀。

生气

现在,我们来介绍一下"诡辩家"。

是什么?为什么?

?

在当时,诡辩家应该算是有一定积极作用的人。

是的。现在来详细说一下。

什么是诡辩家?

第3章 什么是正义

诡辩家是一些做什么的人呢？ 诡辩家指的是当时在希腊城邦非常活跃的诡辩派学者。	他们靠教授别人辩论技巧而获取报酬。	对于这些人，历史上的评价多少有些负面色彩。 哼，难道我做了什么该被后人指责的事吗？
说到诡辩家的巧舌如簧，曾经有这样一件趣事。	有一位诡辩家在给学生上课。	后来，学生的实力达到了一定的水平。 好了，现在课已经都上完了，你该交学费了。
可是，这个学生却这样回答： 我什么也没有学，所以不用交学费。	你说什么？	最后，两个人只好去见法官。
诡辩家先指责学生说： 不要再耍赖了！不管怎么样，你都必须给我钱。	如果我在裁判中获胜，你要服从法官的裁决，必须支付学费。 给钱、给钱！　是……嗯嗯。	如果我在裁判中失败，你也必须付钱。 为什么？

柏拉图的理想国

然后，学生也毫不示弱地开始反击。

> 老师，我确实是不用付学费的。

因为，如果我败给了你，就说明你比我更擅长辩论，那就表示你的实力已经超越了作为老师的我。也就是说，你从我这里学到了很多东西。

> 那么，你当然应该付给我学费啦。

如果我输了，我依然是不用付钱的。

> 为什么呢？
> 是啊，说说到底为什么！

学生说，如果我在裁判中获胜，那么我会服从法官的裁决，不必付钱。

> 不用付钱。
> 遵命！

> 你已经掉进了我的陷阱里。

怎么样，有意思吧？

> 听了这个故事，相信大家已经能了解诡辩家是一群什么样的人了吧。

如果作为学生的我输了，

> 那就表示我根本没从老师那里学到什么。
> 啊呀！

而是用华丽的言辞去颠倒黑白，混淆视听。

> 喊喊喳喳
> 哦哦，原来是这样啊。

他们追求的不是事物的本质，

> 哼，真相并不重要。

第3章　什么是正义

67

所以，真正研究哲学的人都讨厌那些诡辩家。
真讨厌！
就是。
蠕动
蠕动
现在，有时也会把那种善于狡辩的人称为诡辩家。
只要能说，就什么都不怕。
哇
哇
哇
这就是“诡辩家”。
我们都是靠舌头吃饭的人。
现在，让我们回到苏格拉底与色拉叙马霍斯的对话中来吧。
Action！
啪！
色拉叙马霍斯对苏格拉底总是用假装不懂的方式来回避问题表示非常气愤。
正义就是强者（统治者）的利益！
色拉叙马霍斯认为，统治者总是先考虑自己的利益，
先给自己留一份。
他们为了维护自己的利益而制定法律。
我要制定法律，无条件地增加税收！
……
对于被统治者来说，这就是所谓的正义。
这些全部都是为了百姓而制定的措施。
什么？多收税是为了我们？！
发抖
而违背这些规定就是犯罪，就要受到惩罚。
不交税，你们还想活命吗？
连饭都吃不上了，让我们拿什么交税啊？
因此，制定法律的统治者的利益就成了“正义”。
哈哈哈，我的话就是法律！

现在，苏格拉底开始一层一层地反驳色拉叙马霍斯的观点。
嗯……我明白你的意思了。
苏格拉底首先问他，被统治者要无条件地服从统治者，这样是否正确，色拉叙马霍斯给出了肯定的回答。
没错，是这样的。
在当今社会，要求无条件服从的，可能只有军队了。
忠 一 诚
但是在古代可不是这样。
以前有国王、君主，这些都是百姓绝对服从的人。
接下来苏格拉底指出，统治者为了自己的利益制定法律时，有时也会出现失误。
就像俗话说的，猴子也有从树上掉下来的时候。
对不对？当然，只要是人，谁都会犯错。
因为你们是人不是神。
神
哇哇
有时候，实际的结果与预期的正好相反。
打倒暴君！
啊！
咚咚咚
虽然色拉叙马霍斯很不高兴，但对这个说法还是同意了。
发抖～
嗯……人又不是神。
现在，局面开始出现变化。
裁判
统治者因为失误或是错觉，可能会制定并公布对自己不利的法律，
这些全部都是有利于老百姓的法律。
并要求被统治者去执行。
哇哦，这是怎么回事？这真的是对我们有利的法律！
嘘！看样子是统治者弄错了。我们悄悄地照做就是了。

这就出现了与色拉叙马霍斯的主张完全相反的情况。

也就是说，正义并不总是代表强者的利益，对不对？

正义≠强者的利益

但是，色拉叙马霍斯可不是这么容易被打败的。

不要忘了，我可是诡辩家！

诡辩

下面这些话反而将苏格拉底推到了诡辩家的位置上。

苏格拉底先生，你真是一名优秀的诡辩家呀！

让我们听听色拉叙马霍斯是怎么说的。

医生或会计师在工作中都有可能犯错误。

是说我吗？

但是，实际上他们是不能出错的。

为什么呢？

因为，犯了错误就表示他们的知识不够。

这里应该这样……

那样，他们就不能算是真正的专家。

啊！我弄错了。

罪恶

真正的统治者，是不会犯错误的。

色拉叙马霍斯

因此，从严格意义上来讲，统治者是不会失误的。

如果我错了，我也就不再是统治者了。

统治者必然会制定出对自己最有利的法律，而且让被统治者服从。

70　柏拉图的理想国

所以我坚持认为，
正义就是强者的利益。
怎么样，你们觉得色拉叙马霍斯说得对吗？
是不是让人无法辩驳了？
瀑布
?
他是不是在“真正的统治者
不会犯错误”这个前提下，
我和神是同等的。
神
强行展开了自己的观点？
我是
正确的……
但问题是，并不存在色拉叙马霍斯
所说的“真正的”统治者。
悲剧就从这里开始了，嘿嘿。
苏格拉底开始分析，统治者究竟为哪些人的
利益服务。
现在就让我们来谈谈
统治者吧。
苏格拉底通过医生和船长的例子来进行说明。
我是医生。
我是船长。
医生将患者的健康，也就是患者的利益作为
第一位，而不是只想着自己挣钱。
希望您健
康长寿。
谢谢，
多亏了您，
我的病
全好了。
2F
而船长考虑的是所有船员的利益，而不是
只想着自己。
我们要提前把帆整理好，
那很重要，遇到暴风雨，
靠它才能活命。
是，船长！

因此，从严格意义上来说，真正的统治者不仅要考虑自己的利益，也会照顾到被统治者的利益。
只有百姓过得好，国家才能稳定。只有国家稳定了，我这个统治者才能过得好。
我们的生活越来越好了。
是啊。
这样一来，色拉叙马霍斯所给出的正义的定义，就完全站不住脚了。
正义
话说到这里，色拉叙马霍斯可并不只是在听。
怎么样？你同意我刚才所说的吗？
苏格拉底谈话中间，每次问他是否同意自己的观点时，色拉叙马霍斯虽然会点头，
这个……好像是这样的。
但你要是以为他已经放弃了自己的观点，那可就大错特错了。
但是，苏格拉底先生！
他觉得，苏格拉底认为统治者会照顾到被统治者利益的想法，实在太单纯了。
你的头脑太简单了，你了解真正的人情世故吗？
色拉叙马霍斯眼中的世界是这样的：
税务所
当合伙经营或是向国家纳税的时候，
正义的人总是会比不正义的人更吃亏，
去年挣了100万元，要交纳10万元的税金。虽然觉得税赋很重，但还是交吧。
而不正义的人却总能占便宜。
哼，竟然像傻瓜似的按实际收入申报。我只申报了10万元收入，所以只交1万元的税就行了。
因此，坚持正义的统治者，其自身利益，
就会被那些被统治者侵害。

极端的不正义，会让不正义的人过得最幸福。
靠着逃税的这些钱，我家可以世代都是有钱人。
相反，却让那些从来不行不正义之事的人变得最悲惨。
哼哼，我一直正直地做事情，可为什么却比那个小子穷呢？
像这样，当不正义的行为普遍出现时，
按照实情报税的人都是傻瓜。
不正义就变得比正义更强大、更自由，也更有力。
我是有钱人啦，哈哈哈！
这就是色拉叙马霍斯最初提出的观点：正义就是强者的利益。
正义
真理
强权
强权就是真理，真理就是正义。
总之，色拉叙马霍斯认为，
我没有把正义与不正义的含义混同起来。
正义的作用是用于保障强者的利益，
你们觉得我不正义吗？
这个……好像是的。
遵循正义原则生活的人，利益会受到损害。
我向往正义，可是通往正义的路上障碍实在太多了。
正义
色拉叙马霍斯还认为，正义对人生绝对没帮助，
哼，正义这种东西有什么用？
根本无法使人得到自己所追求的东西。
难道我该选那条好走的路吗？

对于这种现实，色拉叙马霍斯并不持批判态度，也不认为应该改善。
我为什么要那样做？
标榜“道德相对主义”的诡辩家，在这样的社会现实基础上，
胜利者就代表正义。
得出了“正义就是强者的利益”这一结论。在他们眼中，世界是冷酷的。
哼，这就是社会现实。
没错，苏格拉底也承认现实中存在这种情况。
但我还有一个问题。
色拉叙马霍斯认为，不正义是有利的，
不正义是坏的，让人不齿的，对吗？
不是的。
同时还认为，不正义代表着优秀和智慧。
既然这样，我就没什么好说的了。
不过，苏格拉底真的无话可说了吗？
既然没什么说的了，还在这里磨蹭什么？
当然不是。最终，苏格拉底轻松地反驳了色拉叙马霍斯的观点。
牢牢
控制
苏格拉底
接下来，色拉叙马霍斯就一直被苏格拉底的不断提问牵着鼻子走。
原……原来如此。
问题……
问题
色拉叙马霍斯满脸通红，大汗淋漓，颜面扫地。
脸
面
最终两个人达成一致，那就是“正义代表着优秀和智慧”。
不正义是坏，是无知，你同意吗？
这个……我同意。

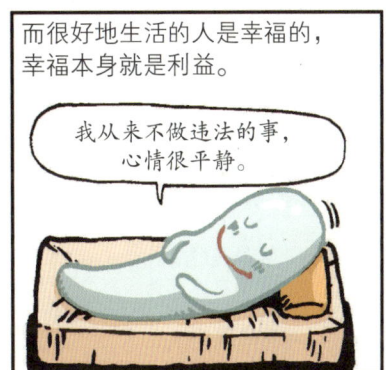

就色拉叙马霍斯认为"不正义比正义更强有力"这一观点，

> 只有强大有力，才能统治世界。

苏格拉底指出，从结果来看，个人或集团的威力只有靠正义才能发挥。不正义会使团体内部产生分裂与争斗，不可能产生一致行动。

> 不看过程，只看结果。

现在，苏格拉底要来论证，正义的人和不正义的人，谁更幸福。

> 好，请你们两位出来。

这涉及生活态度，乃至人生信条，是一个非常复杂的问题。

> 幸福指数可不是光靠金钱决定的。

苏格拉底认为，幸福是由人的心灵来掌管的。

> 我就是心灵，也可以说我是人的精神世界。

当人的心灵处于良好状态时，也就是成为正义的心灵和正义的人，才能生活得很好。

而很好地生活的人是幸福的，幸福本身就是利益。

> 我从来不做违法的事，心情很平静。

最终得出这样的结论：正义要比不正义有利，正义的人比不正义的人更幸福。

> 哇，灿烂的阳光真是太美了，哈哈哈！

> 我为什么会这么紧张，担心被阳光一照，所有的罪恶都会显露出来。

这一次，色拉叙马霍斯只好甘拜下风了。

YOU WIN！

第3章　什么是正义　　75

诡辩家的世界

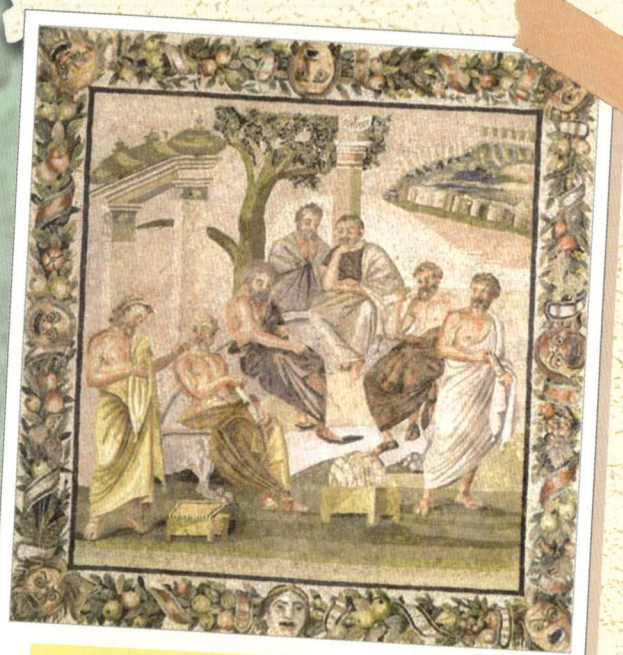

▲这是诡辩家们的聚会。诡辩家以雅典为中心，在希腊各地游荡，以教人辩论术维持生计。

"诡辩家"，在希腊语中的原意是"贤明的人"或者"优秀的博学之士"。诡辩家们也自认为是优秀的老师，是博学之人。在古希腊地区，从公元前5世纪开始，一直到公元前4世纪，是诡辩家最活跃的时期。当时，雅典实行的是初级民主政治，只有善于在议事会或法庭上发表演说的人，才被看作是拥有能力的政治家，才能在政界获得成功，所以当时诡辩家受到了极大的热捧。特别是给富家子弟当老师的诡辩家，还能获得高额的报酬，他们教授的主要内容是写作、修辞学、法律及道德论等。

在学术方面，诡辩家带来了很多不良的影响。他们更重视的是为人处世的辩论技巧，而不是对学术本身的

研究。诡辩家总是通过主观意识来判断价值，不考虑实际的真假，只以对自己有利为目的进行辩论。因此对青年人的价值观造成了很大混乱，使青年人对于真理及伦理道德的标准产生怀疑，许多头脑聪明的希腊青年被诡辩家的口才所征服。因此，当时很多保守的长者把诡辩家看作是一些危险的思想家。

当然，"诡辩家"的称谓显然是有些过激了。诡辩家这一群体也被称为诡辩学派。"诡辩"这个词，乍一听给人的感觉会很不舒服，但实际上，它只是指通过看似合乎逻辑的推理把自己的错误想法合理化。

不过，部分诡辩家对当时希腊哲学研究从以自然为中心转变为以人为中心，也做出了很大贡献。另外，苏格拉底和柏拉图的哲学也是在反驳和克服诡辩家的逻辑过程中得到发展的，从这一点来说，也应该对诡辩家有一个公正的评价。诡辩家的另一个贡献就是，把对社会的批判精神深深扎根于希腊青年的心中，并让他们懂得自由地思考。

具有代表性的诡辩家有提出"人是万物的尺度"的普罗泰戈拉，提出"正义是强者的利益"的色拉叙马霍斯，以及提出"世上不存在真理，即使存在也无法认识，即使认识也无法表现或言传他人"的高尔吉亚等。

第4章 正义的本质与国家的起源

大家热烈地讨论着关于正义的话题。

那么，"正义"为什么这么重要呢？

在本章中，柏拉图的两位兄长格劳孔和阿得曼托斯作为苏格拉底的学生正式出场。

他们继续着上一章的话题，先发言的是格劳孔。

人们追求"正义"，是为了名和利。

对于正义，人们普遍持这种态度，对这种情况，苏格拉底表示承认。

对于正义本身，人们其实是害怕，而且是想要回避的。

没错。

现在我来说说，一般人对正义的本质到底是怎么认识的。

格劳孔

78　柏拉图的理想国

人们认为，做不正义的事可以获得利益，是好事。
而遭受不正义的事则会受到损坏，是坏事。
唉，要是我也闯红灯过去就好了，遵守交通规则，就只能迟到了。
对于正义的人和不正义的人，如果都给他们随心所欲做事的权力，
呜——
警察
然后让我们观察一下他们会怎么做。
啊，警察走了！
最终，正义的人也会做出和不正义的人相同的行为。
也就是说，格劳孔认为，如果给每个人随心所欲做事的自由，
自由？
那么，即使是正义之人也会因欲望驱使而走上与不正义之人相同的道路。
欲望
最后，人们在欲望的驱使下全都会走上不正义的道路。
欲望
欲望
欲望
格劳孔还讲述了著名的“古各斯戒指”的故事。
大家一定都看过《指环王》这部电影吧？那是围绕一枚神奇戒指展开的故事。
《指环王》这部作品受到全世界读者的热捧，被拍成电影并制作成游戏。
据说，这个故事的灵感就来自于“古各斯戒指”的传说。
我最喜欢长发飘飘的美丽精灵。
我喜欢王子。

这是由一枚戒指引发的事端。
这里不是故事全部内容，是适当简略后讲给大家听的。
19
很久以前，在西亚有一个叫作吕底亚的国家。从公元前7世纪开始，整整一个世纪的时间，这里都是一个繁荣的王国。
在它的全盛期，几乎可以匹敌希腊的城邦。
吕底亚是一个文明发达的国家。
吕底亚人铸造了人类最早的货币。
而做这件事的主人公，就是因为“古各斯戒指”而闻名于世的古各斯国王。
对古希腊人来说，吕底亚除了是铸造货币的源头，也是“僭主”一词的发源地。
100
僭主
吕底亚
古各斯就是最早的僭主。
“僭主”是什么意思？
哇！爱提问这个习惯非常好。
通常在人们的理解里，“僭主”往往含有“暴君”的意思。
僭主就是暴君？
不要误解。虽然有这样的意思，但僭主并不一定都是暴君。
在吕底亚语中，僭主（tyrannos）指的是与宗教神权相对立的统治者。
僭主=统治者
所以，僭主不一定就是暴君或独裁者。
我不是暴君。
僭主
大家要记住这个词，在后面我们还会经常用到。
嗯，僭主。

现在让我们开始讲述"古各斯戒指"的故事吧。

在吕底亚有一个名叫古各斯的人,他是一位牧羊人,在国王手下当差。

我是王室挑选的牧羊人。

咩咩咩~

有一天,暴风雨之后发生了地震,地壳裂开了一道深渊。

轰隆隆

位置正好就在古各斯平时放羊的地方。

啊!这……这是怎么回事?

古各斯很吃惊,但还是走了下去。

在里面,他看到了一匹青铜制成的马,马身上有一道小门。

他打开小门,看到马身里面是空的。

里面有一具尸体,个头比一般人大。

尸体上什么也没有,

只有手上戴着一枚金戒指。

古各斯取下戒指赶紧走了出来。

噔 噔 噔

第4章 正义的本质与国家的起源

81

这一天，牧羊人照例举行会议，把这个月羊群的情况向国王汇报。
古各斯戴着那枚戒指去开会。
他不小心碰了一下戒指，戒指转向了他的手心……
啪
古各斯，古各斯不见了！
突然就消失了。
惊慌的古各斯急忙把戒指朝外一转，别人就又能看见他了。
这……这是怎么回事？怎么又出来了？
啪
这是什么法术吗？
古各斯明白了这枚戒指的神奇力量，他又试验了很多次，每次结果都是一样的。
发抖
发抖
这是一枚可以让人隐身的戒指。
哇哦！
古各斯非常兴奋！
哈哈哈，我现在天下无敌了。
那么，古各斯下一步想要做什么呢？
隐身之后，去帮助那些可怜的人吗？
哼，我干吗要那么做？
古各斯把戒指转向手心，隐身之后，潜入了王后的卧室……
噌

后来，他杀死了国王，夺取了吕底亚王位。
这个新国王就是古各斯王。
如果用一句话概括，这就是一个纯真的牧羊人变成不道德的篡权者（僭主）的故事。
所以，“古各斯戒指”就代表做了坏事也没有受到惩罚，依然逍遥自在的意思。
哈哈哈，谁敢来抓我？
你想不想也有一枚那样的戒指呢？
吃惊
如果给你们每个人一枚古各斯戒指……
这个戒指是我的！谁也不能抢走！！
你会去做什么？
嗯……这个嘛……
你不说我也知道。
哼，什么呀，才不是呢！
所以，假设有两枚戒指，
一枚戴在正义者手上，
另一枚戴在不正义者手上，
?

还会有人继续坚持正义，不去做损害别人的事吗？
也就是说，可以得到任何想要的东西，
可以随便让自己讨厌的人吃苦头，甚至可以杀死对方。
你以前说过我长得丑，接招吧！
砰！
如果这样的话，那么人类不就可以像神一样为所欲为了吗？
那些做好事的隐身人难道只有在电影里才会出现吗？
这就表示，正义对个人没好处，
啊！
啪嚓
啪嚓
没人会自发地去做正义的事，
又没人看得见，还做那些干什么？
唰
而只是迫不得已才去做的。
请帮帮我吧。
原来是我们的老师呀。
如果做了不正义的事也不会产生什么后患，
珠宝店
嗖嗖
任何人都会去做的。
哈哈哈，当然会的。
格劳孔通过古各斯戒指的故事最终想要说的是，
正义固然很好，但没人知道正义到底有多好。

正义，是人们应该追求的，	但是人们并不能够确信，"正义本身是好的"这件事。 走？还是不走？	所以，格劳孔要求苏格拉底论证一下"正义本身的好处"。 请拿出证据来。 这……这个……
阿得曼托斯也一再央求苏格拉底，一定要弄清楚正义的本质究竟是什么。 老师，您一定要告诉我们！	好吧，那就让我们开始吧。	接下来，苏格拉底开始论证正义的本质。
《理想国》整本书其实就是关于这一论题的论证旅程。		苏格拉底首先提出一点。 大家可以这样想想看。 嘣！
比如，当一个视力不好的人 这是哪里，是哪里呀？ 摸索	要阅读写在远处的小字时， 写了些什么呀？	这时候，有人发现别处用大字写着相同的内容， 看清楚了！ 禁止便溺

第4章　正义的本质与国家的起源

那就可以先看看大字的内容是否与小字的内容一样。
一样吗？还是写的其他内容？
也就是说，有“个人的正义”，
大家请按顺序排队。
也有“城邦的正义”。
我宣布一项法律，要对违反交通规则的人处以罚金。
与个人的正义相比，
这就是个人的正义。
城邦的正义则具有更大的效力，这点很容易理解。
当然了！
苏格拉底的意思是，
这样就容易说清楚正义是什么了。
可以由大见小。
是从大字开始看吗？
是那个意思吗？
那么“大”又是指什么呢？
这个……
我们先来论证什么是城邦的正义。
制定成法律的就是正义。
法律篇
然后再论证什么是个人的正义。
嘟
啊，有警察！
我们从建立城邦的过程开始论述吧，这样可能会更容易理解。
建立城邦的过程？呃，听上去好像很复杂。
所以你就不想听了吗？
当……当然不是了。

从现在开始，我们就要跟随大哲学家苏格拉底，了解城邦的建立过程。
为什么要建立城邦呢？
嗯，我讨厌回答问题。
是不是有个人，
因为太无聊了，所以干脆建一个城邦吧？
想成为城邦公民的人到这里集合！
是这样吗？当然不是！
苏格拉底认为，城邦的起源是从人们的需求开始的。
也就是说，无论谁，都不能只靠自己生存。
我种了一辈子庄稼，可是我很想吃肉。
而且，人们的需求非常繁杂。
人想要吃饭就得有碗，人还得有衣服穿……
人们要想充分满足自己的需求，就必须相互帮助，共同协作。
帮个忙，抓住这条鱼，我分你一半。
好呀。
扑棱棱
而所有这些需求中，占据第一位的是什么呢？
吃饭！
说得对。
那就是对食物的需求。如果家里的冰箱空了，就会变得很不安，对不对？
肚子好饿。
那么，想象一下装满食物的冰箱吧。
光是想想，就觉得很满足啊。
接下来的需求又是什么呢？
房子！因为人总是要睡觉的。

柏拉图的理想国

第4章 正义的本质与国家的起源

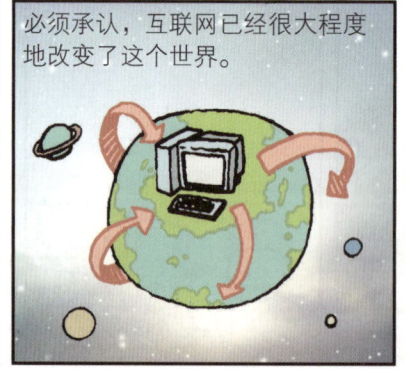

即使有了城邦，也还会有城邦自身难以解决的一些问题。

我们的米很多，可是没有石油。

这就要从出产石油的地方去进口石油，同时把自己城邦剩余的大米用于出口。

用这些米交换石油吧？

这样就形成了商品的输入和输出。

这样一来，就出现了负责贸易往来的商人。

也就诞生了"贸易商"这种新职业。

很早以前，贸易商都是靠船只运送货物，进行各种交易。

当然，船运现在依然是贸易业中非常重要的手段之一。

石油这种大宗物资还是要靠轮船来运输的。

现在商人们可以通过互联网相互沟通，而不必直接见面谈判。

要是以前，就必须要跟每个人见面商谈。

必须承认，互联网已经很大程度地改变了这个世界。

现在，也已经不再只有贸易商这一种商人。

除了我们，还需要其他职业吗？

为了顺利地买卖商品，人们发明了"货币"。

以前只能背着米和菜到处换东西，现在真是太方便了。

市场

另外，也出现了零售商。

这里要比大批量的商品卖得贵一些。

简单地说，零售商就是我们身边的小商店。

社区超市

大叔，我买一袋糖。

90　柏拉图的理想国

零售商在市场租一个摊位，从卖东西的人那里付钱买下商品。

来四箱糖吧？

不用，只要三箱就够了。

然后他们再把商品卖给来买东西的人，并收下钱。

请给我两袋糖。

两块钱。

这件事听上去似乎很容易干，体弱多病的人也能胜任。

我身体不好，干不了重活儿。

当然，现在的零售商也不是一项轻松的工作。

必须身体健康，勤劳肯干，还要了解顾客的心理，

忙死了，忙死了！再多长几只手就好了。

还要擅长算账。

真糟糕，怎么总是算错呢？

除了商人，在苏格拉底所说的城邦里还有一种职业，

像我们这种干重活的。

这是一些靠体力劳动来挣钱的人。

吱吱

你们中间有没有人觉得自己身强力壮，以后的理想是像我这样，从事重体力劳动呢？

也许吧……

在建筑工地，这些人是不可缺少的，

咚咚咚咚

他们不是在运动，而是在劳动。

我们流淌的可是不一样的汗水。

长期从事这样的工作，身体会受到很大的损害。

有时候还要在危险的地方工作，发生事故的可能性也很大。

第4章　正义的本质与国家的起源

现在，各种各样的人都已经聚集在我们的城邦里了。

哇啦 哇啦

城邦变得越来越大，除了制造生活必需品以外，

不要挤，不要挤……

不行，我们必须让城邦壮大起来。

拥挤 拥挤

还出现了很多可以让人生活得更舒适的职业。

人活着哪能光是吃饭呢？

比如：猎人、艺术家、奶妈、侍女、理发师、厨师，等等。

奶妈和侍女是干什么的？

在进入现代社会后，很多职业都已经消失了。

不过，现代社会中也衍生出了很多新职业。

比如：开校车的司机叔叔、学校的老师、文具店的老板、保安叔叔，等等。

现在在韩国，据说职业种类已经达到了一万多种。

哇！

根据韩国职业能力开发院的调查，

小学高年级学生的职业愿望是这样的。

全国小学生职业愿望调查

男生		女生	
①软件编程员	⑥警察	①教师	⑥医生
②运动员	⑦演员	②歌手	⑦营销策划人
③电脑专家	⑧法官、检察官、律师	③演员	⑧教授
④科学家	⑨医生	④设计师	⑨护士
⑤发明家	⑩动物饲养员	⑤电视主持人	⑩漫画家

92 柏拉图的理想国

第4章 正义的本质与国家的起源

苏格拉底认为，护卫者是最重要的人，承担着保护城邦的重任，
卫国士
保
因此必须要具备能够保卫城邦的技能和热情。
我们一定要比敌人更优秀，制造出性能更优越的武器！
那么，作为护卫者的这些人应该具备哪些条件呢？
像超人那样，应该就差不多了吧……
理想国
前面曾经说过，在这本书里有很多“比喻”。
在柏拉图的书里，将护卫者比喻成警犬。
啊，是说我们像……狗吗？
从护卫这一角度来说，两者的确存在共同点。
那好吧，反正这也算是好的共同点。
护卫者首先必须感觉敏锐，
咻
咻
察觉到敌人后要追得快，
给我站住！
与敌人战斗时，要斗得凶。
而且，如果想战胜对方，还必须勇敢。
啊呀！我可拿着刀呢。
汪汪
这种勇敢可以说是一种精神和激情。或者也可以说，这样的人应该性子刚烈。
哦，是这样吗？
不过，也不能对所有的人都凶狠。
我们对待女性是很温柔的。

苏格拉底的结论是，无论是警犬还是护卫者，对敌人都应该勇敢，

但对亲近的人，应该表现得很温顺。

既要温顺，又要勇敢彪悍，真的能同时拥有这两种品质吗？

人能同时具备这两种完全相反的性格吗？

否则的话，就不能成为好的护卫者。

话说到这里，苏格拉底也有些困惑。

有了，就是这样。

可以同时具备温顺和刚烈两种禀赋。好！就让我们用狗来做例子。

一条血统纯正的狗，头脑聪明，对亲近的人很温顺，

而面对陌生人的时候则会很凶。所以，作为护卫者，还要有足够的智慧。

也就是说，作为护卫者应该天生爱好智慧并且性情刚烈。

当然，既然是护卫者，身体强壮、动作敏捷这些是必不可少的。

咳……监视的人太多了。

现在，苏格拉底开始论述应该如何训练和教育护卫者。

苏格拉底的故事仍在继续中。

……

第4章 正义的本质与国家的起源

国旗告诉你

国旗是国家的旗帜象征。所以，国旗常常包含一个国家的历史和社会制度，以及对未来的期望。识别国旗是了解这个国家的重要手段。在我们生活的地球上，目前一共有193个国家。下面通过部分国家的国旗，了解国旗上图案和颜色所包含的意义。

澳大利亚 AUS
左上角的英国国旗表示澳大利亚是英联邦的一员，左下角的大七角星代表这个国家的6个州和1个地区，右边的五颗星则代表太平洋上空的南十字星座。

英国 GBR
英国国旗由构成英国的爱尔兰、苏格兰、英格兰的旗帜重叠组合而成。

巴西 BRA
绿色代表农业，黄色代表资源，星星图案代表组成国家的各个州，写有"秩序和进步"的白带祝福国家不断发展。

德国 GER
黑色象征力量，红色象征憧憬自由的热情，金色象征着真理的光辉。

中国 CHN
大五星代表中国共产党，小五星分别代表工人、农民、小资产阶级和民族资产阶级四个阶级，而红色背景则代表中国国土。

希腊 GRE
蓝色象征着大海与天空，白色象征着为独立而战，白色的十字代表希腊东正教。

俄罗斯 RUS
白色象征着和平与正义，蓝色象征着诚实与信念，红色象征着力量与为祖国流下的热血。

日本 JPN
日本的国旗非常简单。中间红色的圆表示这里是日出的地方。

韩国 KOR
白色背景代表领土，太极图案代表国民。红色代表尊贵，蓝色则意味着希望。四角的卦象中，左上角代表天空和春天，左下角代表太阳和秋天，右上角代表月亮和冬天，右下角代表大地和夏天。

摩洛哥 MAR
红色是王室的颜色，中间的绿色五星象征着人民对伊斯兰教的信仰。

墨西哥 MEX
绿色象征独立，白色象征宗教的纯洁，红色象征各民族之间的统一。中间的图案是一只嘴里叼着蛇的鹰，出自墨西哥的建国神话。

尼日利亚 NGR
绿色代表农业，白色代表和平与统一。

南非 RSA
红色象征为国家独立而流下的热血，绿色象征农业资源，蓝色象征大西洋，黄色象征丰富的矿物资源，黑色和白色则象征着黑人和白人，Y字形意味着团结。

美国 USA
7道红色条纹和6道白色条纹，代表最早参加独立战争的13个州，50颗星星则象征着美国的各州。

第5章 护卫者的教育和生活

在前文中，苏格拉底提到构成城邦的阶层。

分为平民阶层和护卫阶层，对吧？

那么从现在开始，我们要来正式地讲讲护卫阶层。

就是保卫城邦的人。

护卫者（士兵）和统治者可统称为护卫阶层。

我们是士兵。

苏格拉底的结论是，城邦可进一步分为平民、护卫者和统治者三个阶层。

用现在的说法就是，公民、军人和政府管理者。

护卫阶层的教育是非常重要的。对于未来的护卫者要从小加以教育。

呜哇 呜哇

就算天生聪颖的孩子，也离不开适当的教育。苏格拉底说，要用体操来锻炼身体，用音乐来陶冶心灵。

哇哦，这孩子一看就是个天才。

啊呀！这孩子力气怎么这么大！

98　柏拉图的理想国

第5章 护卫者的教育和生活

普通人通常会认为，英雄与自己是完全不一样的人，
超人原来这么不堪一击？快改名吧！
砰
如果英雄暴露出脆弱或者卑微的样子，
什么嘛！超人也会摔跤！太让人失望了，那跟我有什么不一样？
会导致人们对自己的不足不知反省，因为英雄也是那样的。
太可笑了。那么块小石头就能绊倒的家伙，会有什么了不起？
要让青年人养成自我克制的美德，
请给我签个名吧。
不要让他们产生做恶的念头，这是最重要的。
真是太帅了，有礼貌又乐于助人。
文学故事中，要让不正直的人过得悲惨，
只是想逃些税，现在一辈子都要在监狱度过，呜呜！
要让善良的人过得幸福，
你买彩票会中大奖的！
要让所有贪污腐败者最终都被绳之以法，
你随便就折断我的腿，现在让你也尝尝这种滋味吧！
所有故事都指向一种结论，那就是：只有正义获胜，只有正义者受益。
哼，真乏味！
嗖
总之一句话，作家们必须接受城邦的“审查”。
城邦
我要求言论自由！在这样限定的框框里能创作出什么好作品？
咣
啊！
审查

现在让我们来谈谈体育吧。体育重要的应该是磨炼意志，
太无聊了！我要出去跑跑步！
跑什么步！
而不仅仅是强壮体魄。
从今天开始，我们要进行品格教育，执行！
体育课搞品格教育？
让孩子们从小养成简单饮食和简朴的生活习惯也非常重要。
什么吃的都没有吗？
不会太离谱的。
正如大家所看到的，苏格拉底所讲的教育内容非常细致。
老爷爷，您是细心的A型血对不对？嘻嘻。
关于教育方法，到目前为止谈到的好像都是“注入式”。
什么意思？
对于教师的作用，基本上没有提及。
让我们当配角也行，好不好？
完成了音乐和体育教育的十七八岁的青少年，
祝贺！祝贺！
还不到祝贺的时候，后面要学的还多着呢！
在20岁之前，要由经验丰富的军官带领，
学习克服危险的技能，
爬上那座山！随身只能带一瓶水，希望你们能活着回来！
并由教官对接受教育的学生随时进行点评。
没能按时回来的一共五人，淘汰！
现在，要在年满20岁的护卫者中选拔出将来可以成为统治者的人。
我一定要合格！为了走到今天，我吃了多少苦啊。
吃打糕吧，好吃的江米打糕！

现在，护卫者阶层开始出现分化，一部分要成为统治者，而剩下的则会成为被统治者。

耶！我合格了！

以前的辛苦都白受了！

大家或许都玩过模拟战争游戏吧？

换句话说，就是把他们分成进一步接受哲学教育的人和不用接受此类教育的人。

打仗不是只靠蛮力就能获胜的。

在这里，长幼有序的概念也是适用的。统治者要在年长者中选出，

聪明的头脑再加上丰富的人生阅历，当然应该是统治者。

摇头晃脑

年幼者成为被统治者。

年长者不一定都能成为统治者。哼！

此外，统治者在资质和能力方面，必须是非常优秀的。

具备这两项条件的人能有多少呢？又会是哪些人呢？

具备这两项条件的人是怎样的人呢？

您要保重身体！现在该休息了。

是对治理城邦充满热情，

已经熬了三个晚上，再这样下去会病倒的。

并将此作为终生事业的人。

这将是统治者毕生为之奋斗的信念，

加油

我活着就是为了我的城邦和我的人民！

即使面对诱惑和压力，也绝不动摇。

而要有这样的品格，必须从年轻时就开始接受训练。

我一定行！我一定能做到！

柏拉图的理想国

第5章 护卫者的教育和生活

比如目前在韩国，选举作为领导者的总统时，
今年该进行总统选举了吧？
让我们看看这些人都有什么本事。
也要通过各种方式对候选人进行测试。
在辩论会上让候选人并排坐好，
肯定会问到你儿子逃避服兵役的事！
我真的不擅长这个！我口才不好。
真的没人了吗，什么样的人都出来参选！
大家会比较候选人对各种刁钻问题的回答情况。
关于你儿子逃避兵役的事情，你有什么要说的吗？
他并没有逃避兵役，因为他是扁平足，所以……
甚至是很久以前做过的事，也会被一一挖出来。
什么扁平足！上大学时他不是还参加过马拉松比赛吗？
为什么只盯着我？3号候选人不是也没有服兵役吗？
不仅如此，还会查问到家人亲戚的财产和服兵役问题。
事情已经过去30年了，为什么还要旧事重提？那些投机的事情我根本就不知道……
事情常常会被挖掘到很深的程度。
对于高层公务人员的任命也是一样。
只有通过了这样的辩论会，才有可能被正式任命。
总算熬过来了。
大家好像都很紧张。
如果不能通过这道辩论程序，
不做候选人才是上策。
呃，为了选举，钱都花光了。
落选者以后的人生也会乌云密布。
轰隆隆
高层管理者要具备高于常人的德行。
哼，现在来说，那些什么德行都是老黄历了。

还有让大家吃惊的呢！

什么？到底是什么？你要做什么？

苏格拉底这样说。

首先是要制造谎言。

什么谎言？

要制造关于城邦的谎言，并且要让大家都相信。

也就是说，要制造出一种类似于"神话"的故事。

我就是本族的始祖。

比如编这样的故事：护卫者在出生之前，就已经存在于地球深处了。

我们使用的武器也是在地球深处制造出来的。

就像我们是经过长期孕育而长成的，武器也是经过漫长的时期才制造出来的。

在地球深处孕育出护卫者和他们的武器装备以后，

大地母亲就把他们送到世界上来了。

所以，当人们受到外强欺侮的时候，

敌人来攻打我们啦！

冲啊！

他们就像保卫母亲那样来保卫孕育他们的土地。

一定要保卫我们的土地！不允许任何人侵犯！

没错。我们什么都不怕！

冲啊

而对待这片土地上的平民，

伟大的战士们，请保护我们这些可怜的人吧！

我当然会保护你们，这就是我存在的目的。

他们就像对待自己的兄弟一般爱护。

护卫者

第5章　护卫者的教育和生活　　105

伟大的哲学家认为，要制造这样的高贵谎言，并讲给人民听。
其实，说是谎言有些不恰当……
听完第二个故事以后，你也许就会同意了。
别急！听我把话说完嘛。
苏格拉底说的第二段话更加有趣。
老天在铸造人的时候，会根据不同的阶层而采用不同的材料。
材料？
在统治者身上加入了黄金，在辅助者身上加入了白银，
黄金
白银
那我呢？
而平民，则加入了铁和铜。
铁和铜？太过分了。
苏格拉底认为，人的出身虽无法改变，
一般来说，每个人都会生下与自己天赋类似的子女。
但是，有时会出现“金父生银子”，
或“银父生金子”的情况。
他竟然是我们的儿子，真是太让人骄傲了。
当然，铜铁的父母也有可能会生下天赋中有金银的孩子。
什么补习班都不上，每次都能考第一名！
如果出现了这种情况，父母应该怎么办呢？
妈妈大字都不认识几个。
当然应该按照孩子的实际能力，把他们放到恰如其分的位置上。
你根本不该生在我们家，怎么办呢？
如果黄金父母生出铜铁子女，也应该把这样的子女安置到平民中去。
我很失望，也很难过，可是没有别的办法。
Z Z Z

第5章 护卫者的教育和生活

下一代，
或者后代的后代，
子子孙孙迟早总会
相信的。
继续说下去。
格劳孔的意思是，
就算现在的人不相信，
不可能！
人怎么可能是
用金银铸造的
呢？还说我们
这样的人是用
铜铁铸的，
气死我啦！
但随着时间的流逝，后世的人
总会相信的。
他们跟我们，从源头上就
是不一样的人。他们是用
高贵的黄金打造的。
上面的这些内容，其实是柏拉图借用苏格拉底说出的自己
的思想，用一句话概括其核心就是“精英主义”。
人要按照各自的追求来确定阶层。
理论上虽是这样，但像
我这种出身平凡的人，
还是会觉得有点伤感。
柏拉图认为，只停留在物质欲望上
的人，属于平民阶层。
胡说！
努力挣钱，
做有钱人，
那才是最
重要的！
没错，
我最讨厌劳心费神
的事情了！
而热衷权力和战斗的人，
则适合成为护卫阶层，
我酷吗？
啪
重视智慧和理性的人，
适合成为统治阶层。
如果想维持这样一种社会结构，
就必须进行适合各阶层的教育。
比如，对将要成为统治者的人进行
护卫者的教育，显然是不行的。
统治者
入门
护卫者
入门
而对于统治者，必须要进行
特殊的精英教育。
只属于特别人
的特别教育。
然后……
什么叫特别人的特
别教育？人都是平
等的！凭什么要分
成三六九等呢？
对于柏拉图的这种观点，有多少
人会点头赞同呢？
没几个人对吧？
因为这个世界上
更多的都是像我
这样的普通人。

这种思想虽然令人吃惊，但却在很长一个时期里主导着人类社会。

是这样的！

没错，无论东方还是西方。

这与期望由德才兼备的君子来统治国家的东方儒家思想也是相近的。

不过，如果遇人不当，也很有可能会演变成独裁统治。

我就要这样！我想怎样就怎样！

看来要想有个和平生活是不可能了。

在这里还有一点要注意，

要是选出那样的人，可就太糟糕了。

那就是在培养孩子时，父母应该仔细观察，让孩子去做符合自己本性的事情。这一点是非常重要的。

哎呀，我儿子长宇的力气真大，以后一定能当大将军！真是棒极了。

也就是说，不能只是满足父母的欲望，

咱家孩子是天才！我们应该送他上名校，老公！

学了整整一年了，要是再学不会就是傻子。

而应该因材施教！

我想成为钢琴老师。每次弹琴都是我最幸福的时刻！

要尽量开发出孩子自身的潜能。

我想成为在钢琴伴奏下唱歌的歌手！

现在，这些"孕育于大地深处"的护卫者，

在统治者的指引下迈步前进。

大地女神选择了你们来保卫国土和人民！

首先，这些兵士们需要一个扎营的地方。

第5章　护卫者的教育和生活

兵士们就要自己去寻找驻扎地，而且要认真选择。
这里怎么样？队长。
那里太偏僻了。
城邦内出现叛乱者，他们可以迅速予以镇压。
在偏僻的地方，是很难抓到那些叛乱者的！
遇到外敌侵入，也可以有效对抗。这是最适宜扎营的地方。
你敢迈过来一步试试！我一定会回敬你两步！
扎下营盘以后，首先要祭过神明。
请保佑我们的城邦越来越富强！
然后就是搭建营帐。
动作快一点。我们一定要在冬天到来之前完工！
等一下，这些护卫者应该比平民更强更有力，对不对？
当然了！就是专门挑选那样的人。
现在请想一想。
那么这些护卫者，只要想做，随时都有能力欺压手无寸铁的平民，对不对？
现在让我们再次用狗来做个比喻。
前面曾经用过，还记得吗？
是的！用狗来比喻护卫者。
比如，牧羊人养了一条猎犬来帮助自己管理羊群。
莱利！把那边的羊群赶到这边来！
汪汪
咩咩咩
假如这条猎犬不但没有保护羊群，反而伤害羊群，怎么办？
莱利！你在干什么？
呜汪汪~
这里的羊群代表谁呢？
羊群代表平民！
那么牧羊人又是谁呢？
是古各斯！
……

不对。这里的牧羊人指的是统治者，统治者！
开个玩笑嘛，我……我其实是知道的。
统治者必须防止护卫者伤害平民的事情发生。
如果不想发生那样的悲剧，就必须让护卫者受到良好的教育。
现在，苏格拉底的故事进入了
把我们也包含进去了？
包括统治者和护卫者在内的护卫阶层的教育方法上。
现在，让我们来详细描绘一下护卫阶层的生活方式吧。
首先是财产问题。
护卫阶层不能拥有私人财产。
为什么？！
在今天的人们看来，这是无法想象的事情。
如果我没有必需保护的私人财产，那为什么要去卖命呢？
也不能有房产，就是说不能拥有自己的房屋或土地。
护卫者的工作是保卫城邦和人民，要房产有什么用呢？
至于生活必需品，应该由其他公民来供应，
这是我们抑制自己的欲望，执行护卫者职责的报酬。
被子
而且还要定量供给，既不多余，也不会短缺。
不能多给点吗？
完全按照人数给。
下面是他们的日常生活。简单地说，类似现在军队的集体生活。
一同就寝！一同起床！
也就是集体生活。
然后，就要给他们进行“洗脑”。
洗脑？怎么洗脑？

听好了！
告诉他们：在你们的心灵深处，已经从神明那里得到了金银。
城邦
所以，你们就不再需要人世间的金银。
是的，没错。我们都是高尚的灵魂。在我们的灵魂深处，拥有贵重的金银。
世间的钱财是罪恶之源，
你这个家伙！既然借了钱就要还！
谁说我没还？你这个无耻的人！
而护卫者心灵深处的金银却是纯洁无瑕的。
砰
砰
要让护卫者与平民阶层划清界限，以免遭到玷污。
平民
护卫者
除此以外，护卫者不能与世俗的金银发生任何关系，甚至不能接触。
真是视金钱如粪土啊！
不能用金银制成的酒杯喝酒，
无论用什么杯子，喝酒都不是好事情。
唉……
身上也不能佩带金银饰品。
也不能一个人去旅行，
嘤
不能做的事情实在太多了，护卫者好可怜呀！
嘤
还没完呢！
不能向所爱的人赠送礼物。
呃！她说那个送给她礼物的平民阶层的男人更好，所以跟我分手了。
太过分了。连送礼物都不行。

另外，他们不能以个人的身份，将钱用在其他地方。
书店
我想买书，可是我不能随便买……
除了这些，禁止的事情还有很多很多。
我实在不能理解！
我来告诉你为什么要这样。
如果护卫者拥有自己的土地和房屋，他们就不会安心做护卫者，
我的土地！这是我的土地！
他们就会成为房产主或是农夫，他们就可能从人民的盟友蜕变为人民的敌人。
不准用我地盘上的水！你们都用光了，我的庄稼就没水浇了。
这样一来，他们憎恨人民，人民也憎恨他们，双方互相对抗。
砰
砰
他们会防范内部的人民，胜过防范外部的敌人。
砰
砰
看他们自相残杀吧。
而最终的结果会使护卫者和平民全部灭亡，同归于尽。
继续打吧。然后我们就可以占领你们的土地！哈哈哈！
怎么样？现在你明白苏格拉底的想法了吗？
嗯嗯。
为了防止出现这样的悲剧，苏格拉底提出，
必须要遵守！无论发生什么情况都要遵守！
要针对护卫阶层制定法律，并要求他们严格遵守。
所以您才会说“恶法也是法”，对吧？
是的。
第6章见吧。

帕累托和精英主义

柏拉图在《理想国》里提出的核心思想之一，就是精英主义。"精英（Elite）"一词本来是"高级商品"，也就是"名品"的意思。进入17世纪以后，它的意思演变成"被选定的人"或者"在社会中发挥核心作用的人"。精英主义主张以这些被选定的人为中心，也就是说，由少数精英来统治和支配社会和国家。精英主义的始祖应该说是柏拉图，但按照一定体系去研究精英主义的人，则是后来的意大利经济学家维尔弗雷多·帕累托（1848—1923）。可以说，他是精英理论的主要创始人。而促使他提出精英理论的契机竟然是一群蚂蚁。

有一天，帕累托仔细地观察着一群蚂蚁的行动，结果他发现了一个很奇怪的现象。大家都知道，不是所有的蚂蚁都是一直努力工作。根据帕累托的观察，认真工作的蚂蚁不超过这群蚂蚁的20%，这让帕累托感到很惊奇。他把那些努力工作的蚂蚁集中到了另一个地方，然后再观察它们。结果他发现，在这群勤劳的蚂蚁中，又分成了工作的蚂蚁和不工作的蚂蚁两部分，前者的比例依然是20%。这种现象在刚才那群不工作的蚂蚁中也是一样，当把之前不工作的蚂蚁集中到一起后，其中工作蚂蚁和继续不工作蚂蚁的比例也是20%。帕累托对蚂蚁的生活产生了强烈的好奇，他又去观察其他昆虫的生活，也发现了类似的现象。再后来，他开始将人类社会作为研究对象，也得到了相同的结果。他发现，在一个团体中，只有20%的人在努力工作，而剩下80%的人则是在混日子。帕累托将这种现象称为"20/80法则"，后来也被人们称为"帕累托法则"。

作为现代精英主义理论的创始人，帕累托认为，能够让精英健康存在的社会，才是可以向前发展的社会，才是稳定的社会，而国家的发展政策也应由20%的上层精英来制订。从经济学的角度来看，帕累托的思想是有一定道理的。例如，企业销售额的80%大都是由20%的优质客户创造的。

▲ 第二次世界大战期间，德国军人正在行军。当时，德国的独裁统治者希特勒错误地解读了精英主义的逻辑，提出了日耳曼为优等民族的极端民族主义和反犹太的种族主义，镇压犹太人，发动了在世界史上留下沉重一笔的世界战争。第二次世界大战最终以德国的战败告终。

但是，精英主义理论也存在不少问题。精英主义最受关注的时期，是第一次世界大战之后，希特勒的纳粹主义掌控德国政权的时期。了解到这一点，大家就能意识到精英主义的另一面了。纳粹主义就是精英主义被错误解读后所带来的最不幸结果。

现在又出现了一种反对精英主义的理论，叫作"长尾法则"。这个理论主张，占据长尾的80%要比占据头部的20%对社会产生更大的影响。

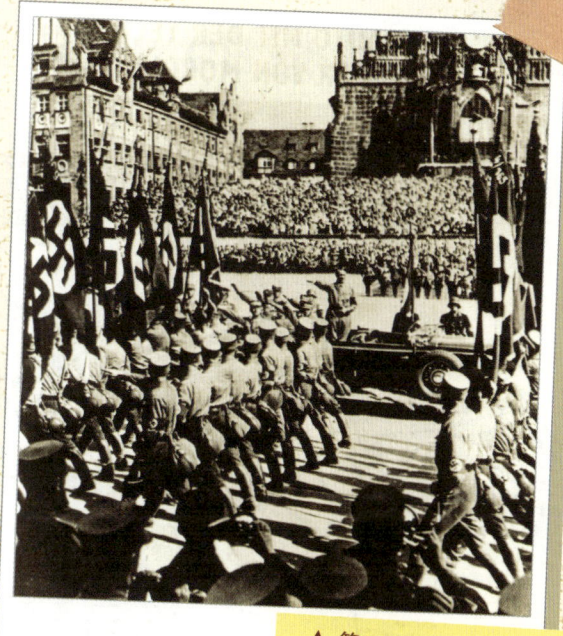

第6章 国家的正义和个人的正义

听到这里，阿得曼托斯提出了一个新问题。

如果有人这样说，老师会怎样回答呢？

护卫者是完全没有个人幸福的人。

嗯？

城邦虽然是他们的，但他们从城邦却得不到任何好处。

嗯……

阿得曼托斯觉得，护卫者比平民更加不幸。

我们该被同情，对不对？

因为护卫者无法拥有属于他们自己的自由财产，

那栋漂亮的房子要是我的就好了。

也不能拥有任何值钱的东西，

这是我生日那天爸爸为我种下的树，怎么样，羡慕吧？

柏拉图的理想国

作为个人，满足幸福生活的一切他们都不具备。
护卫阶层不能拥有个人财产！
这……这个也不行吗？
存折
而且，只能过着被严格管制的集体生活。
大半夜的你要去哪儿？
有些无聊，想去散散步，不行吗？
有时候，护卫者也会有个人想要做的事情，
当然不行！快回去！
但是大多数情况下，他们的生活都与个人需求无关。
这里没有想象的那么好，我想要自由！
对此，苏格拉底又是怎么回答的呢？
关于这个问题，说来话长。
简单地概括，就是这样的。
建立国家的目标，并不是为了某一个阶层的利益。
也就是说，应该是为了整个国家的最大幸福，而不是为某个阶层或少数人。
就是说应该先“大家”后“自己”，对吗？
没错！
为了国家整体的幸福，护卫者就要做出一些牺牲。
这样的话，谁还会想成为护卫者呢？
是的，如果我们只强调牺牲的话，的确没人想要成为护卫者了。
那还有什么办法呢？
那就一定要说服他们，
城邦
你们不是普通的公民！国家如果没有你们，根本无法存在下去。
要让护卫者深深认识到自己的使命。
如果没有我们，这个国家不知道会变成什么样子？
只有让整个城邦繁荣富强，
我们不能迷恋于个人的私事，因为我们是被上天选定的护卫者。

才能让各个阶层都享受到他们各自应得的幸福。

虽然不能拥有财富，但是我也有我的幸福！

随着公民数量越来越多，城邦的规模也越来越大。

啊！我快被挤出去啦！

在与其他城邦的战斗中想要获胜，城邦的规模当然是越大越好，对吧？

土地当然是越多越好，难道不是吗，苏格拉底？

但是，苏格拉底却并不认为无条件地扩张领土是好事。

绝对不是那样的！如果国家过大的话，是很难长久维持下去的。

国家大到还能保持统一，这是最佳限度。

同样的道理，国家太小也是不好的。

要在既不太大也不过小的程度下，保持统一的城邦。

国家的力量可以均匀地到达各处，这样的规模是最好的。

而最重要的，是对护卫者进行恰当的教育和培养。

什么是恰当的教育和培养呢……

只要护卫者能够从小接受良好教育的引导，

他们就会朝好的方向发展。

对此，苏格拉底还特别引用了一句俗语，"同声相应，同气相求"。

就是说志趣相投的人们愿意在一起，是吗？

是的！

在护卫阶层中，结婚与生育子女也要成为共同的行为。

嗯，该让他结婚了。

连结婚这种事也要城邦来干涉？柏拉图老爷爷是那么写的吗？

不是干涉，而是从头至尾都由城邦来决定！

118　柏拉图的理想国

苏格拉底的发言，其实就是柏拉图的想法。

啊，没错，真是这样写的。

但这更像是带有偏见的胡思乱想！

是啊，思想真是太开放了。

看来他们都被吓住了，老师。

与后面的内容相比，这不算什么……

这种思想以后的章节中还会出现。

在柏拉图的书中，类似的内容，

还会以"公妻制"的形式出现，这显然是不当的想法。

就是要共享！

因为，无论是配偶也好，子女也罢，是不能成为共享对象的。

你是属于我的！

我说的不是这个意思。

柏拉图的本意是，

喀喀！

护卫者不能拥有属于自己的家庭。

不行！

如果他们有了自己的家庭，

瞧，我的儿子多英俊啊。

就会陷入到追求私人的利益中。

为了你，爸爸愿意做任何事情。

现在不是也有"家庭利己主义"这种说法吗？

我儿子的吃穿问题最重要！教育也是第一位的！

那样，护卫者就会忽略整个城邦的利益，而只关注自己的家庭。

没错，我就是想要那样。

嘿嘿。

第6章　**国家的正义和个人的正义**　119

这样，一旦城邦很好地运转起来，
Reday，Go！
城邦
经过良好教育和培养从而拥有更好素质的护卫者，就会一代代成长起来。
嗒嗒 嗒嗒
他们的后代要会比前辈更加优秀。
我是继承了护卫者优良血统的孩子，说不定以后会成为统治者呢！
对于护卫者的教育必须要一直进行下去。
我也想学那个！
杀！
所有的一切都必须按照固有的秩序去进行。
傻瓜！护卫者的子女都是上天选定的孩子，我们是成不了他们的！
另外，要教育他们，即使没有法律规定，也要保持正确的生活态度与生活方式。
现在，我们的城邦就建起来了。
下面我们要找出正义和不正义到底存在于哪里，这两者有什么不同。
还要想一想，要想获得幸福，应该选择正义与不正义这两者中的哪一个。
于是，苏格拉底开始探讨什么是“国家的正义”。
国家 正义
他认为，好的国家应该具备智慧、勇敢、节制与正义。
智慧和勇敢，还有节制？
是的，只有这样才能成为一个好的国家。
像描述人一样去描述国家，感觉好奇怪。
住口！不要胡言乱语！

现在，我们来考察这个美好国家的各个阶层。

考察？用的词怎么越来越难了。

不同的阶层应具备的德行也是不一样的。

啊！德行？德行是什么意思？

首先，对城邦也可以像对人那样，判断城邦是否具有智慧。

什么？我是无知的城邦？你想尝尝我的拳头吗？

我才不要跟你打交道。连水和火都分不清的无知城邦。

优秀的城邦，必须具备智慧，也就是分辨力。

我很害怕啊，动也不敢动一下！

对于粪便，不是因为害怕而躲避，而是因为肮脏才躲避。

而分辨力则来自于知识。

学习吧！再也不能让别人说我是无知的城邦。

那么，城邦究竟应该具备什么样的知识呢？

到底要学些什么呢？

那就是关于管理国家的知识。

管理国家的知识？国家已经在那里了，只要一天天过下去就行了，这有什么难的！

这种知识不是对于某个特定行业的专门知识，

什么！竟然要知道那么多东西！

而是关于整个国家的哲学。

真是高深的学问啊，这可不是谁都能学会的。

这种高深的学识无需所有公民都具备，而是统治者专有的。

嗯哼！

统治者是国家中人数最少的阶层，

统治阶层
护卫阶层
平民阶层

但是整个国家能够正常运转，却要依赖统治者掌握的知识。

努力学习！这是有效治理城邦的最好方法！

护卫者

第6章 国家的正义和个人的正义   121

所以，如果把国家看作是人体，那么统治者就相当于头的部分。
作为“头”，一定要有头脑，具备智慧，对不对？
我的头脑里也装满了智慧吗？嘿嘿。
仔细听我说。
这种智慧是从哪儿来的呢？
是从地里长出来的？或者从天上掉下来的吗？
当然是通过多读书、多思考获得的。
没错！是通过深刻的哲学思索获得的，而不是靠别的什么途径。
结论就是，统治者必须具备智慧。
现在，我们来谈谈“勇敢”。
终于开始说到我了。
在漫画、影视还有游戏中，经常出现勇猛无敌的主人公。
有时候他们的表现不是勇敢，而是鲁莽，
甚至他们会做出一些让人匪夷所思的事情。
主人公总是表现得十足勇敢，而不必担心有什么后患。
当然了！因为那是在电脑游戏里呀。要是主人公像平常人一样脆弱，随随便便就死掉了，那游戏还怎么玩呢？
但是，现实中却并不是那样的。
抓小偷！
勇敢也好，勇气也罢，关于这个问题，大家认真思考一下。
想要勇敢，可是好难呀。

按照苏格拉底所说，勇敢是……
无论面对什么恐惧的事情，信念和判断力都不会发生动摇。
这种勇敢，是依靠良好的教育培养出来的。
哇！只要受教育就能变勇敢吗？
正确的教育！
经过正确的教育，对于什么事应恐惧，什么事不应恐惧，
啊，正确的教育！我想接受那样的教育！我想变得勇敢！
内心会有一种明确的认识。
无论遇到痛苦、快乐、欲望和恐惧，
呼呼呼
意志都不会动摇的人，才是勇敢的人。
吁~
苏格拉底在这里用了一个“染色”的比喻。
染色？怎么突然说染色？什么意思？
给羊毛染色时，必须提前做好充分的准备。
是的。爸爸总因为忘了加中和剂，结果衣服都互相染色了，然后被妈妈骂……
先要挑选质地白的羊毛，经过预先处理后再染色，颜色都不会褪掉。
偷偷藏起来不就行啦？
就是啊。
先对护卫者加以选拔，然后再对他们进行音乐和体育教育，也类似于羊毛染色过程。
嗯，不错。
在全体公民中，尤其应具备勇敢美德的阶层就是……
就是我们！护卫城邦的士兵们。
如果还用人体来比喻，那么护卫者就相当于胸膛。
哦！统治者是“头”，护卫者是“胸”。
统治者
护卫者

现在还剩下“节制”，对不对？
节食，节食！
那也是一种节制，对吗？
苏格拉底所说的节制，就如同音乐中使用的和声。
啊啊啊
这样说，是不是很难理解？
是啊，请解释得通俗一些吧。
一般的节制，指的是抑制某些不当的快乐或欲望。
这么说，上面那位胖姐姐那样做就是节制喽！
嗯……是的。
这种节制也可以称为“做自己的主人”。
我知道了！太简单，太简单啦。
轻浮的小家伙……
在人的灵魂里都有较好的部分，和较坏的部分。
本来可以说得很简单，干吗要说得那么难懂？
较好的部分和较坏的部分？
当较好的部分战胜较坏的部分时，就可以称为“做了自己的主人”。
哇！较好的部分胜利了！
一个城邦也和一个人一样，包括较好的人和较坏的人。
是的。
如果较好的人制约了较坏的人，
我们管理层要求提高工资！
不行！连日大雨，庄稼都被淹了，平民的日子很艰难！
那些钱全都要用在灾民的身上！你听懂了吗？
这就是一种“做了自己的主人”的状态。
咚
知……知道了。好可怕啊，请不要生气。
这时候我们就可以说，这样的国家是“自己的主人”。

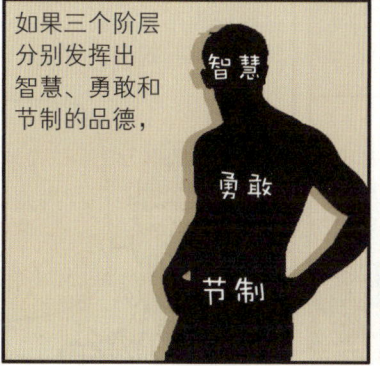

情况继续向着好的方向发展下去。统治者和被统治者之间，

在由谁来统治国家这个问题上达成了一致意见。

这种情况就可以说，双方都做到了"节制"。

我们会承认您的领导，也会尽力辅助您。

谢谢，我一定会竭尽全力。

所以苏格拉底把城邦的节制比喻成音乐的"和声"。

一切都是为了国家的和平！

"勇敢"和"智慧"可以只属于国家中的某一个阶层，

我现在感觉充满了激情！

但是"节制"却应该属于全体公民，是所有阶层都要具备的。

没错。只要能减少贪婪之心，只要大家都能做到节制，我们的国家一定会越来越好。

说得不错

声音高低不同的几个人如果一起唱和声，

啊 啊 啊

就会变成合唱。

啊 啊 啊

全体公民都要有节制，特别是一般平民，也就是生产阶层则更加需要节制。

你不能在我的店门口摆摊！会妨碍我的客人！

我待在墙角那儿也不行吗？

继续用人体来比喻，生产阶层就相当于是肚子和四肢。

节制……节制

这个嘛……那你只能卖鱼。

如果三个阶层分别发挥出智慧、勇敢和节制的品德，

智慧
勇敢
节制

那么这个城邦不就是一个正义的国家了吗？

那……那如果不那样呢？

第6章　国家的正义和个人的正义　125

还剩最后一种美德。

哦，对呀，是什么来着？

每个人都应做好自己分内的事，并忠诚于自己的职责。

只有这样，国家才能成为正义的国家。

还剩下一项是什么呀？怎么不回答呢？

当然，同属于生产阶层的人，相互之间可以适当交换工作内容。

今天由A组负责安装零件，B组负责包装。

还按照原来那样去工作，效率不是会更高吗？

或者也可以一个人做多件事，这都不会对整个国家产生什么影响。

是这样的：万一A组无法工作的时候，而B组又不了解A组的工作，那就会影响到整个工作进度。

偶尔交换一下工作，虽然可能一时降低工作效率，却避免了有可能发生停工的情况，对不对？

哦，原来是这样。

但如果出现下面的情况，则会发生大问题。

干这个太没意思了！我也想成为护卫者！

那就是本来应该当木匠或者做买卖的人，想要成为士兵，

我要当护卫者！

或者护卫者想要成为统治者时。

我也有聪明的头脑，光当护卫者不能令我满足！我要成为统治者。

也就是说，不能让下级阶层以某些不正当的手段僭越为上级阶层。

城邦

绝对不可以！

这种行为不仅会让自己，甚至会让整个城邦毁灭。

违法的人，与想要亡国的人一样可恶。

接下来，苏格拉底开始将之前探讨的国家结构应用到探讨个人。

人的灵魂大致也可以分成两个部分。

126　柏拉图的理想国

那就是理性和欲望！
我爸爸临死之前，让我一定要为他报仇。
除此之外的第三种就是激情。
这种感情就是激情。
我们人类有学习（理智）、愤怒（激情）、快乐（欲望）等各种需求。
那样的话，还能生气吗？
无论如何都要忍耐。
那么，苏格拉底所说的激情到底是什么呢？
但是，我很想立刻就杀死那个仇人！要不然我的内心实在不能释怀。
嗯！
发怒的时候，通常会产生一种愤懑的情怀，对不对？
那……我们是否继续下去？
嘚嘚
或者产生愤怒的感情，甚至会表现出一种气概。
那就到这里吧，我没法儿继续下去了。
呃……
在某种程度上，激情跟一般的欲望是一样的，
真是太过分了！在这种情况下还怎么继续？
啊！
而且欲望往往会占据了上风。
好吧，好吧。
就好像三角关系那样，激情摇摆于理智和欲望之间，
激情
三角包饭
理智
欲望
在人的灵魂中，激情好像走钢丝一样摇摇晃晃。
这个例子可能有些极端，但是我们就是生活在这样的矛盾之中。
赶快找回理想，让世界变得和平吧。
很对。

对于激情既不是理智，也不是欲望，而是第三种东西的观点，格劳孔也表示同意。
即使在孩子的身上，也可以找到激情。
加油！使劲儿！对！就是这样，玛丽亚，再用力些！
啊呀！
孩子从一出生，就是充满激情的，
呜哇
随着时间的流逝，当他们长大以后，才慢慢拥有理智。
爸爸，妈妈。
这么说，人刚出生时，“呜哇呜哇”的哭声也是一种激情！
把激情这个词用在小宝宝身上，实在太有趣了。
好，现在要进入重要的结论部分。
嘘！从现在开始要更加认真听。
是！
个人的美德与国家是一样的。
嗯……也包括智慧、节制，还有勇敢！
智慧
节制
勇敢
正如国家应该成为正义的国家，
城邦
个人也应该成为正义的个人。这样就有一个问题了。
啊，又有问题！我真的不想回答。
你还记不记得，前面曾经说过，正义的国家中，
三个阶层要各自做好自己分内的事？
这个……我忘了。
好吧，为了增强你的记忆，我再问一个简单的问题。
正义的人是什么样的人？
这……这个，正义的人，是吗？

这有什么难的？就好像数学中的比例，一算就知道了。
嗒
嗒
呃！比例？你这么一说，好像更难了！
和国家一样，正义的人其灵魂中的各个部分都要各司其职。
啊，这么简单！
但灵魂中的各个部分也存在着等级关系！
理智，欲望……还有什么来着？
天哪，刚才讲到生孩子的时候不是说过了嘛！
就如同国家严格地按照等级分成统治者、护卫者，以及平民一样。
哦，对了！激情！您刚才说，长大之后才慢慢具备理智。
把手放到胸口上，闭目思考一下。
今天思考得好像已经够多了……
在你的灵魂中，哪个部分相当于“头”的位置呢？
欲望！我饿了。
是吗？那么，你只能算是一个生理健全的人，至于正义的人嘛……
我可以睁开眼睛了吗？
其实，灵魂的主导应该是理智。
理智
理智是灵魂的统治者。
那灵魂的护卫者又是谁呢？欲望？还是激情？
激情就如同护卫者那样，承担着辅助理智的作用。
啊哈，原来这样！现在我知道了，嘿嘿！
我是不是该要求换个读者呢？
啪！
而能够培养出理智与激情的就是教育，
没错，教育真的很重要。
学校
前面曾经说过，音乐和体育的适度综合教育，可以让受教育者的理智与激情更加和谐地组合在一起。

当灵魂的这两个部分懂得应该怎样做好自己分内的事情以后，"要控制好自己的欲望。"	统治者和护卫者要去引导平民阶层。	在人的灵魂中，欲望占据了大部分。这就如同护卫者比统治者多，而平民又比护卫者多很多一样。
实际上，人无时无刻不感受到欲望的骚动。	而且在不停地做着满足欲望的事情：饿了就要吃饭，困了就要睡觉。"我还真的有些饿了。"咕噜噜	随着年龄的增长，欲望的种类也会越来越多。
对于金钱和肉体愉悦的欲望开始控制整个大脑，	而且，欲望会越来越强烈，	很难轻易地冷静下来。"忍耐。"
所以，苏格拉底这样说："'理智'和'激情'要把力量集中在一起，随时监视着会惹麻烦的'欲望'。"	在这里，苏格拉底没有涉及追求荣誉或自尊等多少高尚一些的欲望。"哇！欲望真的好多啊。"	接下来再用一个有艺术色彩的比喻。两匹马和一个马夫出场了。

柏拉图的理想国

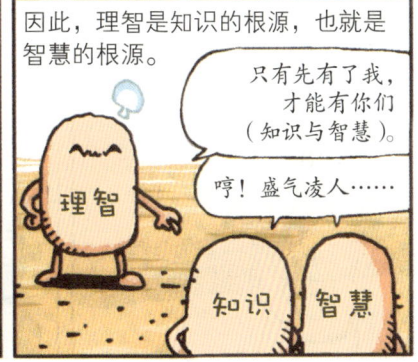

理智好比是马夫，激情和欲望好比是这两匹马。

今天会有贵妇乘坐马车，你们一定要跑得慢一些呀。

激情这匹马血统纯正，而欲望这匹马或许是因为血统的缘故，非常顽劣。

现在，马儿们开始在代表理智的马夫指挥下奔跑起来。

拜托，马儿们！慢一些！

代表激情的马听从马夫（理智）的命令，一直盯着前方跑，

那个家伙今天必须表现得好一些。

而代表欲望的马一边跑，一边在自己欲望的指引下东张西望。

喂！你能不能专心点儿？你要去哪儿？

为了不让欲望这匹马往别的方向跑，代表激情的马承担了拉住它的作用。

真是烦死了！真讨厌和那家伙拴在一起！

理智、激情和欲望的三角关系，现在大家完全明白了吧？

傻瓜！这是我们的命运。

现在，国家与个人要重叠在一起来讲了。

叠起来？

在理智中，有一双可以看到整个灵魂的眼睛。

当然了，因为理智代表头脑。

所以要由它来判断整个灵魂的利益是什么。

因此，理智是知识的根源，也就是智慧的根源。

只有先有了我，才能有你们（知识与智慧）。

哼！盛气凌人……

理智　知识　智慧

第6章　国家的正义和个人的正义

激情听从理智的指引,要随时具备勇敢之心。

就好像刚才那匹叫作"激情"的马。

因此,激情也是勇敢的根源。

然后就是欲望,也应由理智来支配。

当这三者和谐相处的时候,也就有了"节制"的美德。

每个人从一出生就带着激情和欲望,

但是哪个部分更强,则每个人都会有所不同。

灵魂的本质差异就是由这三个部分的相互关系决定的。

在理智的指引下,这三个部分能和谐共处的人,就是正义的人。

你是谁?

我?我是正义的人。理智、激情及欲望都兼备的人。

从国家角度来看,鞋匠专心做鞋,

伐木工专心伐木,

当然了!这是我的职责。

其他人也都一样,各自做好分内的工作,这就是正义。

这也是我的职责!你的职责是什么?

我还没有工作。

我是说你现在应该做的事情。

哦……那就是学习,当然还有玩。

132　柏拉图的理想国

那么，现在看看与正义相反的情况又是什么样的呢？
嗯？我好像知道……
是不是想说但又不知如何表达？
平时应该养成读书习惯，多读书，多和朋友们讨论书的内容。
讨论？
那样你就可以准确地说出自己的想法了。
的确是有很多想法，可是又表达不出来，真难受。现在就去读书。
现在我们来继续刚才的那个问题。
还没说完呢。
哦……对呀。
当灵魂中这三个部分一团混乱时，就是下面这个样子。
理智
激情
欲望
每个部分之间都相互干涉，失去了良好秩序，最终形成一种非常纠结的状态。这就是不正义的状况。
欲望
激情
理智
砰
国家与灵魂各有五种类型。混乱状态下的国家和个人，值得注意的有四种类型。
啊！五种？
后面会详细地告诉大家。
现在第6章要结束了。呼——现在想想，好像也不是那么难。
哈！这是我听过的最动听的话。
呼
刚开始连苏格拉底是谁都不知道，而现在我已经知道很多东西了。
很好！以后也不要嫌烦啊！
什么意思？
后面我会跟你分享更多的内容。
不行，我还没有达到能跟您分享的程度。我要先读完这本书，然后再来跟您交朋友！
噔噔噔

潘多拉的盒子

▲ 希腊神话中诸神之王宙斯和他的妻子赫拉。

柏拉图认为，人的理智是非常重要的。当一个人的理智控制灵魂的时候，这个人就可以成为正义的人。相反，欲望总是会招惹是非，而教育的目的就是要让理智战胜欲望。在圣经中，亚当与夏娃就是因为没能使理智战胜欲望，而吞下了禁果。在古希腊神话中也有类似的故事。潘多拉是古希腊神话中出现的第一个人类女性。宙斯将盗取了神火的普罗米修斯（这个名字的意思是"有先见之明"）锁在高加索山的悬崖上，并每天派一只鹰去吃他的肝，但是依然不能消除其心中的怒火。于是，宙斯命令火神赫淮斯托斯用黏土做成一个女人的形象，并让众神赋予她各种魅力，于是潘多拉就诞生了。潘多拉这个名字的意思就是"收到所有礼物的女人"。

宙斯给了潘多拉一个盒子，并警告她绝对不要打开看。然后就把潘多拉送给了普罗米修斯的弟弟埃庇米修斯（这个名字的意思是"后知后觉"）。普罗米修斯早就知道宙斯的阴谋，在去高加索山接受惩罚之前，他多次告诫弟弟一定不要接受宙斯的礼物。但是，被潘多拉的美貌迷住的埃庇米修斯忘记了兄长的叮嘱，娶了潘多拉为妻。

和埃庇米修斯结婚后的潘多拉，有一天忽然想起了宙斯送给自己的盒子。虽然她也理智地想到了不能打开盒子的警告，但是终究没有战胜自己想要知道盒子里到底是什么的欲望，而打开了盒子。盒子被打开的一瞬间，悲伤、疾病、贫穷、战争，所有的罪恶一涌而出。潘多拉吓坏了，急忙想盖上盖子，但是已经无法挽回。幸好盒子里还有希望。

"潘多拉的盒子"这个故事告诉我们，在人类的本性中，欲望是强过理智的。

▲ 无法战胜好奇心这一人类原始欲望而打开箱子的潘多拉。（但丁·加百利·罗塞蒂作品）

第7章 哲人统治的国家

苏格拉底本来想要讨论，糟糕状态下的国家和灵魂是什么样的。

我改变主意了！

啊？

让我们先思考一下，统治得最好的国家，该是什么样的。

统治得好的国家？

那样的国家……

就是最大程度实现"朋友之间一切共有"的国家！

朋友之间一切共有？

怎么样？你们也和朋友共享一切吗？

朋友之间共享所有东西？听上去不错呀。

不对，等一等！那样的话，连我最喜欢的游戏光盘也要共享吗？

当然了。难道你只想享用朋友的东西吗？那样可太贪心了。

充满好奇的格劳孔，问题总是特别多。

老师刚才说统治得好的国家究竟是什么样的呢？

……

136　柏拉图的理想国

对于格劳孔的诸多问题，连苏格拉底也无法轻松地作答。
老师，请告诉我吧！拜托了！
嗯，是说还是不说呢？
苏格拉底觉得这部分内容，对普通人来说有些难以理解。
像我一样有些晕了。前面的内容都还没有消化完呢。
苏格拉底认为，这些话已经超越了普通人的认识水平。
所以，我不太想谈论这个问题。
但是，格劳孔的不断请求还是让苏格拉底下定了决心。
你真是很执着。
闪
吁~
光
苏格拉底将这些敏感的问题比喻成海面上险恶的“浪涛”。
现在我将分三个阶段来进行说明。
啊！三个阶段？
首先说“第一个浪涛”，就是关于女性护卫者的作用及其教育。
女性护卫者？
我并不认为，在治理国家方面，有什么事情是只能由男性完成的。
我认为，男人和女人都可以参与到所有的事情中。
性
这好像也没什么特别的呀！
这看上去没什么特别对不对？
但是，如果这句话是出自2500年之前呢？
呃！2500年前？
那是不是就大为不同了呢？
是啊，在古代社会，好像都是由男人来主导的？
男

是的，苏格拉底提出的"第一个浪涛"竟然是关于女性护卫者，这的确很让人吃惊。苏格拉底认为，

就是说我也可以成为领导者！只要我具备那样的能力。

不要着急，我的话还没有说完呢。

女人也可以和男人一样进入统治阶层。

看来要先教育她们学会忍耐。

这在现代社会是理所当然的，

这么普通的事情有什么好说的。

在那个年代，这可不是理所当然的事。

但在男尊女卑的古希腊时期，

谁让你这个女人到大路上来的？

如果不走这条路，就要绕很远……

这种想法是非常超前的，甚至是革命性的。

女性护卫者

他疯了吗？

苏格拉底说，没有什么事是明确只能由男人做或只能由女人做的，

那个人是男的还是女的？

这也可以看作是一种男女平等的思想。

我要成为女战士！

哇！就算当上了也会被淘汰的。

只要是在能力或潜质上达到护卫者资质的人，

无论男女，都应该被选拔出来。

没错！我的同桌就是女生，她的梦想是成为女将军。她跑步很快，力气也很大。

和男人一样，对于被选拔出来的女性护卫者，

也要进行音乐和体育教育。

点头

男性护卫者和女性护卫者要共同行动！

柏拉图的理想国

现在，要迎接“第二个浪涛”，
哗 哗 哗
就是关于结婚和生育
以及子女养育问题。
结……
结婚？
如果想经受住这一浪，
就必须抛弃固有的观念！
固有观念
护卫阶层中，女子和男子要
聚集在一起生活。
对于所生育的孩子，
也要一起教育和养育。
惊讶
而不是组成一对夫妻的小家庭，
两人一起生活，一起养育孩子。
这是我生的孩子吗？
你说什么呢？
孩子属于护卫阶层共有。
是的。这里的所有孩子都是我的孩子。这样想就对了。
儿童不知道自己是谁的孩子，
父母也不知道哪个是自己的
子女。
呜啊
在我们这个伟大的国家里，
结婚、生育，以及扶养孩子，
这真是太荒唐了。
是吧，被吓到了吧？
都是共享的。
看，连格劳孔也
连结婚也要共享！
好像被浪头打倒了一样，一副受到
冲击的样子。
你还好吧，格劳孔？
还……好！
所以，苏格拉底称这些想法
为“浪涛”。
比喻成电闪雷鸣的暴风雨更恰当。
轰
隆

当男人和女人在一起时……
只要一看到她，我的眼睛就会放光，有时候甚至都不敢看她。
你们在学校里，也曾经有过这样的时刻吧？
听说才京同学喜欢你。
我知道，可是我不太喜欢他。
那是枯燥的学习生涯中最美好的回忆对不对？
很久以前，也曾有许多人追求我……
更何况是身心都已经发育成熟的成年人呢？
成年后，当看到喜欢的异性时，会产生身体接触的愿望，
其实不光是成年人有那样的想法……
害羞
想要去拥抱或者亲吻对方。
快看，就说不光是成年人会那样吧。
甚至连小狗之间……
我真想快点儿结束单身的日子，好寂寞呀。
是的，这都是同样的现象。
寂寞！寂寞！
现代社会的孩子真是早熟啊，我实在是接受不了。
但是，对于成年人来说，可不仅是拥抱那么简单，
未成年人禁止观看
19
下一步就会发生性关系，再然后的结果就是生下孩子。
一头冷汗。
吁
现在一边擦着冷汗，一边要阐述的问题是，
成年男女之间的关系，有些是相处一段时间就结束了，

更多的是会产生怀孕和生育这样更重大的结果。

从国家的角度来说,最关注的是生育多少孩子。

多生一些具有优秀遗传基因的孩子,也是为国家做贡献。

在从前的韩国,也曾因为生育率过高,

呜哇 呜哇

而采取过类似"计划生育"的政策,

计划生育!计划生育!

例如提倡"只生两个娃"。

那又不是我能决定的。

不能再多生!

但是后来生育率下降了,又是怎样的呢?

什么?我们的低生育率已经排名第一了!

又出现了鼓励多生孩子的运动。

再生一个!再生一个!

还要生吗?

苏格拉底进一步指出,

除了多生育以外,还有一点更加重要。

重要的是在于生什么样的孩子。

什么样的孩子?是指生男孩或女孩吗?

当然不是!

苏格拉底认为,当最优秀的男人与最优秀的女人结合在一起,

就会生出最优秀的孩子。

我们是最完美的组合。

第7章　哲人统治的国家　141

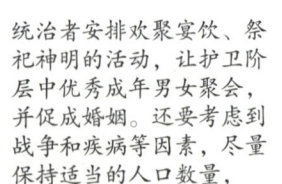

如果想生下合格的护卫者，那么，国家就必须干涉护卫者阶层的男女关系。为此，统治者就要使用一些巧妙的招数。

是哪些招数呢？

想出来了吗？想出来的话请教教我吧。怎么样？

呃！这就是创作的痛苦吧……

现在来听听苏格拉底的看法。

如果想让国家的护卫者达到最高质量，就要让最好的男人与最好的女人尽可能多地结合在一起，然后生育孩子。

相反，最差的男人可能与最差的女人结合……

那他们的孩子呢？

他们的孩子是不必抚养的。

如果不想引起纷争，可以这样办……

除了统治者以外，别人谁都不能知道这些事情的操作过程。也就是说要保守秘密。

说得很对。

看到格劳孔点头附和，苏格拉底很满意地继续说。

统治者安排欢聚宴饮、祭祀神明的活动，让护卫阶层中优秀成年男女聚会，并促成婚姻。还要考虑到战争和疾病等因素，尽量保持适当的人口数量，

柏拉图的理想国

使城邦不至于过大或过小。

嗯……

怎么样？知道现在能够自由恋爱的宝贵了吧？

太可怕了。

这样就可以有最高质量的护卫者来治理国家，

我们会按照理想的信念与决策去守卫国家！

这对于想要建立最正义国家的苏格拉底来说，

怎么样，格劳孔？

很棒的主意！

的确是最棒的理念。

很高兴你同意我的想法。那么，我再详细说说好不好？

苏格拉底继续说。

他说，那些护卫者阶层的青年男女不能自由地选择对象，

噢！请保佑我可以遇到一个喜欢的人。

而是要通过"抽签"来确定配偶。

抽签是在庆典或活动时进行的。

为了能在抽签中让两个优秀的人遇到一起，

统治者要设计一些巧妙的方法，而且不会被人发觉。

统治者要做的事情还真多呀，是不是？

太忙了，忙死了！

第7章 哲人统治的国家　143

当然，为了得到优秀的孩子，光做这些是不够的。

> 要好好努力哦！

对于在战争或其他领域表现卓著的人，要给予奖励。

> 作为特别奖励，你们可以休假了。
> 太羡慕了。

还要尽量创造让他们与异性在一起的机会。

> 那小子这个月已经是第三次休假了。

因为只有这样，才能让那些优秀的人生育更多的子女。

那么，对于如此费尽心机获得的孩子，

要如何去养育他们呢？

要让孩子离开亲生父母，交给专门管理这些事的官员去抚养。

> 我们也没有办法。

因为一生下来就离开了父母，所以这些孩子当然不会知道父母是谁。

这些官员会把优秀者的孩子带到一处特定的区域抚养。

> 哇，这就是你长大的地方呀。

至于那些一般人的孩子，则会被带到另外的地方。

> 就是说，把优秀的孩子和普通的孩子分开？
> 是的。

这样做是有理由的。

当然是为了能够保持护卫者的优良血统。

> 我觉得两个孩子都很可爱呀。
> 也都很漂亮……

柏拉图的理想国

现在，那些刚出生的婴儿是不是正在那里大哭呢？
妈妈不在身边，他们怎么吃奶呢？古代该不会有奶粉什么的吧？
负责这件事的官员会让一些母亲来到这里。
能给我的孩子喂奶？只要一看到我的孩子的脸，就能认出他来。
他们会先想好对策，不让母亲认出自己的孩子，然后再让她们去哺乳。
也不错了，总算能让孩子吃上奶了。
这样一来，成年人与孩子的关系就变得很模糊。
摇一头
互相间该怎么称呼，成了让人困惑的问题。
难道应该叫对方“成年人”吗？
这是什么称呼！
嘻
所以就必须计算孩子出生的时间，
那个孩子跟我的孩子年龄相仿……
成年人把年龄相仿的所有孩子都称为自己的孩子，而同龄的孩子也都把这些成年人称为父母。
我的孩子们。
爸爸妈妈们。
这样一来，连爷爷和孙子的关系也都可以有了。
爸爸妈妈那么多，孩子也那么多，好晕哪……
好了，现在我们都是广义上的一家人啦。
在这个城邦中，不是任何一个成年人都可以随便生孩子的。
40
男人可以在25岁到55岁之间生育。
这是身体状态最好的时期。这是个很明智的政策，不是吗？

生孩子，也是对国家的一种奉献行为。
啊！啊！加油！
以上，就是苏格拉底所说的“第二个浪涛”。
浪涛的高度不能低一点吗？
呃！
哗啦啦
是不是已经有点晕了？
说实话，已经让我感到害怕了。
有什么可害怕的，哼！
在《理想国》中，柏拉图只是说出了自己的一些设想。
想法与想象可以有无尽的自由！难道不是吗？
倒也是……想法是可以随心所欲的。
那么，如此令人震撼的方法，
真的就是能够创造伟大城邦的最好方法吗？
当然了！
握拳
为了印证这一观点，苏格拉底继续说。
让我们跟着苏格拉底的思路走下去吧。
首先要考虑的是，
让我们先来看看，什么是国家中的“至善”与“极恶”？
刚才所讨论的一切是否与“善”的足迹一致。
至善？极恶？
对国家来说，至善和极恶的区别是什么？
当然，每个人的标准不同，做出的回答也是不一样的。
对此，苏格拉底是这样定义的。
整个国家团结一心是最善，分裂则是最恶。

站在国家的立场上，当然是这样的。
国家的利益是第一位的，其他的都要服从于国家。
也就是说，当一个国家最像“一个人”时，就是“至善”。
我联想到了共产主义！
护卫者们彼此亲密无间，
我们是一家人，一家人！
在国家内部，大家不分你我，同甘共苦。
你很难受吗？我也很难受。
护卫者之所以能够做到这样，就是因为他们没有自己的家人。
我们都是赤条条来，赤条条去。
连个伤心牵挂的子女都没有。
也正因为如此，护卫者们相互之间不会出现纷争，也不会融入平民中间。
我要为城邦而活，为城邦而死！因为我是上天选定的护卫者！
作为补偿，护卫者可以从国库中获得丰厚的待遇。
活着的时候可以获得奖励和名誉，死了以后也可以得到厚葬和尊崇。
他们享有的一切，是普通平民无法奢望的。
当然应该那样了。他们做出的牺牲也很大嘛。
护卫者生活得比奥林匹克胜利者还要幸福。
那么，这样的国家在现实中真的能够存在吗？
僵
住
格劳孔也提出了这样的质疑，他不停地向苏格拉底提问。
这一切可能吗？
嘚
嘚~
他还要求苏格拉底一定要具体说明，是怎么实现的。
请告诉我吧！这真的能够实现吗？

好了，这就是“第三个浪涛”。
实际上，是否能实现并不重要。
啊，为什么这么说？如果无法实现，不就没有任何意义了吗？
不是的。
其意义就在于创造出伟大国家的楷模。
伟大国家的楷模
如果这能作为让现实国家接近理想状态的途径，
或者让现实国家掌握这些方法，那就足够了。
点头
那么从现在开始，我们就要找出，
当时（古希腊）的城邦管理得不好的原因，
究竟是什么。
都是因为你们这些贪心的人。
胡说！
应该做出怎样的改变，
伟大国家的楷模
才能蜕变成上面所说的那种伟大的国家呢？
伟大国家的楷模
按照苏格拉底的说法，其实只要有一些改变就可以了。
虽然不容易，但也不是不可能。
到底是什么呢？
好奇

听着，格劳孔！要让哲人成为国王，或者让现任的统治者真正崇尚智慧。
否则的话，对所有国家或整个人类来说，则祸害无穷，永无宁日。
哲人成为国王？
除此之外，绝对不可能实现我们刚才谈论的那种理想国家。
除了让哲学家统治国家，其他任何方式都不可能建立伟大的国家。
城邦
要让一般人领悟到这一点，不是件容易的事。
苏格拉底提出的妙策，就是让哲人，也就是哲学家来统治国家。
这里的哲人，类似于我们所说的文人。
让哲人成为君王，
也就是像苏格拉底或者柏拉图这样的人。
或者让现行的统治者成为真正崇尚智慧的人。
我要崇尚智慧！我要崇尚智慧！
也就是通过统治者，将智慧与权力结合在一起，
这是唯一的途径。
但是，老师！
要想让大家接受这种观点，可不是那么容易的。

不过，我会一直支持老师您的。
首先要告诉人们，哲学家到底是一些什么样的人。
哲学家？是干什么的？
如果用一句话概括，哲学家就是热爱智慧的人。
热爱智慧的人？我也热爱智慧呀。
智慧
他们喜欢学习，努力探求各种知识。
我也喜欢学习，那我也能当哲学家吗？
他们是真正热爱知识和智慧的人。
爱智慧的人好像有很多呀。
喜欢看的人，喜欢听的人，喜欢学习技术的人……
这些人不都是爱智慧的人吗？
对呀，好像是这样的。
但是，按照苏格拉底的说法，
他们只能算是“很像”爱智慧的人。
WANTED
可以说，真正热爱智慧的人就是眼睛盯着真理的人。
智慧和真理？头好疼。
智慧和真理……现在是不是觉得有压力了？
开始感到压力了，呃……
压力
知道了！从现在开始，要进入到更高的论述层次了。
更高的层次？低层次的都还理解不了呢！
其实，著名的柏拉图哲学，
有点儿压力才会更刺激。
咕
咚

只要是上过几年小学的人，都可以轻松理解。

……

原来这么简单。

喜欢看的人或者喜欢听的人，

是喜欢美的色彩、美的形状，

真美呀……

以及美的声音的人。

真是天籁之音呀。怎么能发出那么美妙的声音呢？

但是，他们喜欢的并不是"美本身"，

只是看见表象。

只有不仅看到美的表现，而且能够欣赏到美本身的人，

才是热爱真理的人，也就是哲学家。

啊！

这里所说的美本身，就是美的本质，

也就是美的理念。

是的。2002年世界杯赛上，我们韩国的运动员是最美的。

柏拉图的哲学就是理念（Idea）论，理念论就是柏拉图哲学。

柏拉图理念论

这是柏拉图最有代表性的理论，也是本书的核心所在。

第7章 哲人统治的国家

151

所谓理念，是无法用眼睛（感官）看到的，
右盼
理念在哪里呢？
左顾
而是要通过智慧去领悟的！
呃！
智慧
嗖
虽然有乳酪紫菜包饭、纯紫菜包饭、三角紫菜包饭等很多种类，
哇！我喜欢乳酪紫菜包饭！
但只要一提到包饭，
郊游的时候吃包饭最棒了！
大家都会有一个共同的认识。
包饭配上汽水，有助于消化哦。
也就是说，如果每个人都能认识到“包饭本身”，
我的这种认识对吗？
啧啧
就是用智慧“认识”了包饭的“理念”。
我好像明白了，呵呵。
如果看到包饭，只是流口水，觉得“很好吃”，
三角紫菜包饭
那不过只是对包饭的一种“看法”而已，
美味的包饭，快来买呀！
而无法达到对包饭本身（理念）的“认识”。
只能“形成看法”与能够“认识理念”的人，是有差别的。
啧
啧

能够到达认识程度的人，是可以掌握事物真相的人，
紫菜包饭果然很好吃。
啧
啧
是热爱智慧的人，
啪
智慧
也是有可能成为哲学家的人。
但是，只有“看法”的人，
好吃，好吃。
对事物只能看到其外在表象，而无法认知到其本质，
啪
智慧
因而他们只能是“很像”爱智慧的人。
转圈
转圈
就算只能成为很像爱智慧的人，也不错呀。
嗯……再深入地想一想呢？
努力成为真正爱智慧的人不是更好吗？我会帮助你的。
嘿嘿，我觉得我已经差不多了。
悄悄
溜走
下……
下回见！
那家伙话刚说完怎么就跑掉了？
噔
噔
噔
成为像苏格拉底那样热爱智慧的人，真的是不容易呀。

活在阴影下的古希腊女性

> 不要觉得,我刚才所说的一切都与女性无关。其实女性中也有许多天赋异禀之人。

> 说得很对。按照我们所说,女人也应该像男人一样,参与到所有的国家事务中。

苏格拉底认为,只要具有充分的资质,无论男人还是女人,都可以成为统治者。考虑到古希腊的时代情况,苏格拉底对于女性的这种看法还是非常了不起的。因为在苏格拉底生活的古希腊,女性的地位与现代有着天壤之别。通过歌德1787年的戏剧作品《在陶里斯的伊菲格尼亚》,可以充分了解到当时希腊女性的生活状态。

"女人的幸福是受到限制的!追随顽固的丈夫是义务也是安慰,无法摆脱这样的命运是多么悲惨。"

从这段文字中可以看出,古希腊时期的女性受到了比男性更多的制约,就好像很久以前我们的母亲那样。古希腊女性在生活中要服侍丈夫,养育孩子。无法像男性那样享受美好的艺术生活,或者堂堂正正地参与到政治活动中。即使是在号称民主政治的雅典,女性也和奴隶一样,是没有参政权的。而且,她们甚至没有拥有财产的权利。一生只能生活在父亲、丈夫、儿子等男性的阴影下,婚姻也大多是根据与男性的契约关系而形成的。所以,女性在结婚之前要接受父亲

的保护，听从父亲的安排；在结婚以后，则要接受丈夫的保护，服从丈夫的安排。女性外出也受到严格的限制。特别是与丈夫以外的男性见面，被认为是非常危险的行为。因此很多人家在家门口都会放上一只凶猛的猎犬，以便可以监控妻子。

特别是临近婚期的古希腊女性，除了大型的庆典活动或是葬礼等特殊情况外，是被禁止外出的。而教育也主要以男性为对象，女性只能学习一些纺织和女红等。因此，对于古希腊女性来说，是不存在什么"自由意愿"的，从出生一直到死去，都只能受男性支配。在这种时代背景下，苏格拉底提出女性也可以成为统治者的思想，是一种具有划时代意义的、超前的价值观。

希腊联合军最高统帅阿伽门农，正在等待士兵和舰队出征攻打特洛伊，但是，士兵中间出现了传染病并迅速蔓延。阿尔忒弥斯女神向阿伽门农提出要让他的女儿伊菲格尼亚作为祭品。最后，为了国家利益，阿伽门农选择了牺牲自己的女儿。

▲ 伊菲格尼亚的牺牲

第8章 统治者的资质和善的理念

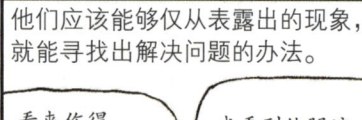

好，到目前为止，我们已经认识了热爱智慧的人与不爱智慧的人。

那么，哪种人成为城邦的领袖呢？

首先我们要搞清楚，领袖应该做什么事情？

领袖、护卫者，都是能够遵守城邦法律和惯例的人。

如果负责看守的工作，那么一定要有敏锐的视力对吧？

这里不应该说是"视力"，而应该说是有敏锐的"视觉"。

他们应该能够仅从表露出的现象，就能寻找出解决问题的办法。

看来伤得很重呀。

我看到他腿流血了，所以带了药箱过来。

只要是经验丰富的人就可以很轻松地具备这种能力，所以可以把这样的人任命为护卫者。

没错，我也是这么想的。

而说到哲学家的资质，就不是那么简单了。

哲学家应该是能够成为领袖的人。

柏拉图的理想国

第8章 统治者的资质和善的理念

*译注：韩语中，"船"与"梨"谐音。

懂得航海术，但无法掌舵的人就代表哲学家。 继续这样走下去，会撞到暗礁的……	一说到哲学家，你们会想到什么？ 破旧的衣服，严肃的面孔，总是陷入沉思的表情…… 一定要抛弃固有的观念！	或许还会认为他们远离俗世，脱离现实，等等。 也不会被美食诱惑。 因为已经抛弃了固有观念。
小时候，我们也曾对宇宙和世界以及大自然充满了好奇， 妈妈，天上没有水管，怎么会有水流下来？	也曾提出过与万物根源、意义、目的有关的问题。 这些问题让父母也陷入深深的思索。	妈妈，云彩在往前跑！哇！它们没有腿，是怎么跑的呢？ 这个嘛……也许它们长了看不见的翅膀吧。
但是，现在大家头脑中"实用性思维"已经超越了"哲学性思维"，	已经很久没有提出过那种让父母费心思的问题了吧？	如果现在再问父母这样的问题："人死了以后会怎么样？" 妈妈！ 什么事？
父母还会慌乱紧张，不知该怎样回答吗？ 妈妈，人死了以后会怎么样？	或许妈妈会发顿脾气，要不就是甩出一句："以后长大了你就知道了。" 不要总问这些没用的问题，赶快好好学习去。你是不是不想学习，在动别的歪心思？	即使真是这样，也不必对父母感到失望。 呵呵，其实我们也没有接受过正规的哲学教育，当然回答不出这样的问题。

第8章　统治者的资质和善的理念

在韩国，学校里不开设专门的哲学课，

但是在有些课程中会讲到一些哲学家的名字。

苏格拉底 柏拉图 亚里士多德

在西方发达国家，通常都是从小学就开始设有哲学课。

哇！从小学就开始了！

就算我们在学校里没有接受过哲学教育，

到处都暴露出韩国教育存在的问题。

也永远不要放弃"哲学式思考"，也就是要一直充满"为什么会那样"的疑问。

对于日常生活中的各种问题，都应该挖掘出它的价值，并用带有批判性和独创性的方式去思考。

怎么回事？为什么总是发生这种事？原因到底是什么呢？以后应该怎么做呢？等等。

这样的话，思维能力会不断提高，会学到更多的知识，论证能力也会增强。

嗯……就是要多多思考。

再以后，我不说大家也应该知道了吧？

大学开学典礼

苏格拉底常使用"对话法"的教育方法。他向学生提出问题，

正义的人指的是什么样的人呢？

但不告诉他们答案，直到学生自己找到真理。通过这样的哲学训练，

学生的思维越来越开阔，也会逐渐具备解决问题的能力。

这与韩国目前的"注入式"教育方法完全不同。

让我们再回到刚才的内容上……

为什么懂得航海术的人得不到正当的待遇呢？

为什么航海术的重要性被认为不值一提？

柏拉图的理想国

那么，古希腊人为什么会如此无视哲学和哲学家呢？
那时，哲学家被看作是不愿劳动，每天只知道喋喋不休的懒汉。
有了哲学就不用吃饭了吗？必须要工作，工作，懂不懂！
出于这样一种现实，即使是具有哲学潜质的人，也只能自甘堕落。
看来大家对哲学的误解还是很深的。
哲学潜质，其实是一种很卓越的能力。但是即使是有哲学潜质的人，也会因不良的环境和教育而堕落。
这就像一个恶性循环的圆环一样，哲学和哲学家互相成为被否定的原因。
具有哲学潜质的人，在这种社会现实中，会因挫折而远离哲学。
我现在要离开哲学了。
相反，不具备潜质的人却常常以哲学家自居。
嘿嘿，哲学有什么了不起，谁说我不懂？
具有卓越潜质，并把对哲学的热爱坚持到底的人，
如果能够统治国家，成为领导者，那就太理想了。
那样的国家，就是我们一直在谈论的“理想国”。
但是，一下子让哲学家们去负责城邦的事务，是有一定困难的。
当然了。必须要先选拔，然后还要对他们进行教育。
嗯，说得不错嘛。
也就是说，还必须对他们进行成为国家统治者的教育。
学习是没有止境的。要活到老学到老。
如果有人无法达到要求，就只能被淘汰出去。
你，被淘汰了！
城邦

但是，从具有哲学潜质的人中，
什么？只剩下你们啦？
经过严格筛选出来的护卫者到底能有几个呢？
要求护卫者具备所有这些潜质是非常困难的，所以所剩人数肯定微乎其微。
也就是说，将要成为统治者的人，必须同时兼备多种优秀的天赋品质。
你指的是双重人格吗？
当然不是。
他们必须机智聪敏，善于学习，有进取心，豁达大度。
原来你说的是多重人格，嘿嘿。
否则的话，则不能给予他们受教育的机会、荣誉以及任何官职。
城邦
这还没有结束。
还有什么别的考试吗？
吁，好累呀。
还要考察他们的爱国之心，要让他们学习其他的学科。
你们能为了城邦去死吗？
当然！
只有这样，才能知道他们是否能担当起“最大的学习”。
难道我们是空降兵吗？吭哧，吭哧……
最大的学习……又是指什么呢？
最大的学习？这个……
就是说还有比正义更大的学问？
那么，请告诉我们“最大的学习”到底是什么呢？
还有更高层次的学问吗？
并不是更高的意思。

我认为，“善的理念”就是那最宝贵、最大的学问。只有与这种理念相结合，正义及其他的一切才变得有用和有益。
善的理念？我有点似懂非懂……
要是你都能理解了，那你就是哲学天才！
但问题是，关于“善的理念”我们还没有充分地理解。
太好了，看来我不明白是正常的。
吁
如果我们继续无视这个问题，那么即使对其他知识掌握得再多，也没有任何益处。
啪！
那就请告诉我们，“善的理念”到底是什么吧！
从现在开始，真正的精髓就要正式出场了！
用鸡蛋来比喻，精髓就是蛋黄。
到目前为止，我们一直都是在为了能吃到蛋黄，
而一点一点地吃着蛋白。当然，要先剥去鸡蛋壳喽。
啧啧
最重要的，也就是最大的学问就是“善的理念”。
“鸡蛋黄”就是指“善的理念”吗？
这是一个非常重要的概念，要分别用三种比喻才能把它说清楚。
嗯，三种比喻……
唰唰
这三种比喻分别为“太阳”“直线”，还有“洞穴”。
洞穴的比喻非常著名，在下一章会更详细地讲解。
看上去好深啊。

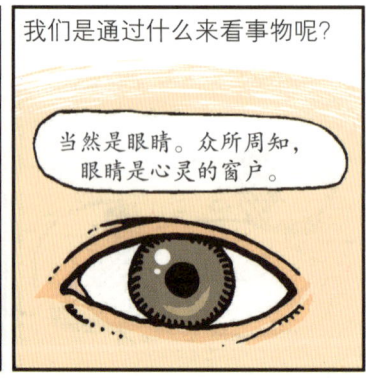

理念是现实存在的真实面目，或者说是事物的本质。	我们曾经说过，现实存在的东西可以用眼睛看到， 嗯，是狮子。	但是理念，却只能通过"智慧"才能"看到"。 狮子是非常危险的动物。如果在它饥饿时靠近，就会被它吃掉，一定要小心呀！
那么，"善"是什么呢？按照字面的意思，可以理解为"善良"。 "善"就是善良呀，亲切、有礼貌、爱笑，这些都是善良的表现吧，还有很多很多。	苏格拉底说，"善"是知识和真理的源泉，是心灵追求的最高目标。	如果连"善"都不知道，那么其他的东西知道得再多也没有意义。 我能到达那里吗？
对于"善的理念"，只有受过训练的哲学家才能掌握。	下面让我们来看看苏格拉底关于太阳的比喻吧。 我们可能达不到目标了。 跟上来！快跟上来！	我们是通过什么来看事物呢？ 当然是眼睛。众所周知，眼睛是心灵的窗户。
但是，只要有眼睛，我们就能够看见事物吗？	在漆黑的房间里可以看到东西吗？ 不行，要有光才能看得见。	是的，"视觉"与"可见性"，最终要由"光"把两者联系起来。

柏拉图的理想国

那么这种光是从哪里来的呢?

有月光、星光,但是它们是无法与太阳的光芒相比的。

那是当然了!

太阳是一个无比重要的现实存在,它虽然不是我们的眼睛,但却为我们提供了视觉。

嗯,它是"善"的孩子。

这是什么意思?

就如同"太阳"可以带来"视觉"一样,"善"可以带来"知识"!

就是说,"善的理念"发挥了与"太阳"相同的作用?

但是,"善"并不是"知识"和"真理"本身,

没错,"太阳"并不是"视觉"。

与"知识"和"真理"相比,"善"处于更高层次。

是的,因为"善"是"知识"的源泉。

孺子可教呀!

"知识"和"真理"与"善"很像,但并不是"善"本身。

我好像是模模糊糊地理解了。

哪里模糊?

"善"本身是更可敬的,处于更高的层次。

没错!就好像如果没有太阳,万物就都不会存在一样……

"善"带来了"知识"和"真理",就如同太阳孕育了生命一样。

是不是可以这样说,"善"是人们为了得到美好幸福的生活,

而必须追求的最终目标呢?

嗯,从表情上看,你好像都懂了。

我也没想到原来我这么聪明,呜呜——

太夸张了吧。

第8章　统治者的资质和善的理念　　165

现在，关于直线的比喻要出场了。这部分内容可能有些难懂。
啊……真的有那么难吗？
我尽量用最简单的方式进行说明，所以不必太紧张！
这样啊……我不是已经理解“善的理念”了吗？嘿嘿嘿。
如果我们用一条线来比喻“可见世界”和“可知世界”。
可见世界
可知世界
嗯……可见世界和可知世界……
唰唰
按照知识的对象和知识的阶段，把这条线分成两部分，
发抖
知识的对象？知识的阶段？都是什么意思啊？
分别代表“可见世界”和“可知世界”。更详细的内容，等你长大后再来学吧。
在这里我只说结论。
吁
首先，我们用这条线的一部分来表示“可见世界”。
这条线就叫作“意见之线”。
嗯。“可见世界”就是“意见之线”。
把这条“意见之线”再次分成两部分。
嗯，就是说，把“可见世界”再次分成两部分？
对。我们再复习一下前面章节中关于“意见”和“知识”的差别。
啊呀！怎么突然又冒出“知识”这个词？都乱套了。
知识
把“可见世界”再分成两部分，一边是“影像”；另一边是影像的“实物”，就是我们身边的动植物或其他事物。
笔尖怎么这么涩呀……一边是影像部分，一边是实物部分。
唰
唰
“影像”与“实物”之比正好类似于“意见世界”与“知识世界”之比。
怎么样？听明白了吗？
……
“影像”是可以通过“想象”（感觉）来掌握的，
而另一边，我们周围的动植物或者各种事物等“实物”，则要通过“信念或观念”来掌握。
哇，猴子！
是的，我就是猴子。

再看这条线代表着“可知世界”的另一部分。
这一部分代表通过“直觉”认识的世界，就是“知识之线”。
这条线也可以再分成两部分，一部分相当于图形或数字的影像，一部分是纯粹由理念构成的区域。
理念
图形或数字的区域可以通过“理智”来掌握，
理念的区域则要通过“理性思维”才能来掌握。
这个声音和那个声音一样吗？
总之，重要的是要知道分成了“可见世界”，以及通过知识才能了解的“可知世界”。
我可以！我可以！
下面我们会着重说到通过知识才能了解的“可知世界”。
光靠热情来理解这个问题，看来是不够的。
咔
我们要再努力一些，加油！加油！
我不是曾经说过，柏拉图就是理念论，理念论就是柏拉图嘛！
太难了！
啊！
那就讲个有意思的事吧！后来，柏拉图的学生亚里士多德这样说过。
柏拉图所说的“理念”根本就不存在！
比如，“狗的理念”已经不是“狗”了。
如果去掉了物质的特殊性，这只是……
只是什么？
只是存在于头脑之中的一个“知识点”而已！下一章见吧！
你说“狗”是个“知识点”？

柏拉图与亚里士多德

亚里士多德是柏拉图的学生，但他并不是一名唯唯诺诺的学生。亚里士多德在很多方面都反对老师柏拉图的思想，最有代表性的就是他对"理念论"——柏拉图这一核心思想的批判。

柏拉图将这个世界的事物看作两种，其一就是"感觉的世界"。感觉的世界是由无数可以像风一样消失的事物组成的世界。另一个是"理念的世界"，这是一个永恒不变的世界。理念的世界是无法通过感觉来了解的，而只能通过理智才能认识。柏拉图认为，人也包含两种存在，即变化的肉体和不灭的灵魂。灵魂受到理智的控制，它可以看到理念的世界。柏拉图认为，人的整个生命过程，是灵魂通向理念的过程，肉体则是灵魂的监狱。

▲ 希腊的雅典学院。为了提高青年人的修养，柏拉图创办了学园。从此雅典成为了哲学发展的重要起源。

但是，对于老师柏拉图的理念论，亚里士多德采取的却是强烈的批判态度。亚里士多德认为，感觉所带来的经验更加重要。他认为，我们内心产生的一切都是来自于我们的所见所闻，所以理智只是人的一个重要特征，而不是人的根本。

▲ 柏拉图与亚里士多德（拉斐尔作品）

亚里士多德是柏拉图的学生，他尊重自然，追求的是探求各种原理的现实主义哲学。

柏拉图和亚里士多德所追求的哲学世界是完全不同的。柏拉图努力寻找永恒的理念世界，而亚里士多德则生活在现实的自然界中，并潜心研究。亚里士多德是最早知道鲸鱼不是鱼的人，他还对大量生物进行了系统的分类。亚里士多德的自然观，成了之后大约两千年间西方科学的基础。

亚里士多德和柏拉图对于人的思考也是不一样的。最有代表性的例子就是他们对于"人应该怎样生活"这个问题的观点。柏拉图当然认为，找到理念的生活，才是幸福的人生。而亚里士多德却坚信，当人能够发挥出自己的全部能力时是最幸福的。亚里士多德描述了幸福人生的三种状态。第一是享受快乐和满足的人生，第二是享受自由，第三是专注于研究的哲学家生活。亚里士多德还强调说，要想获得幸福的人生，必须同时具备这三种状态。

第9章 哲人统治者的诞生

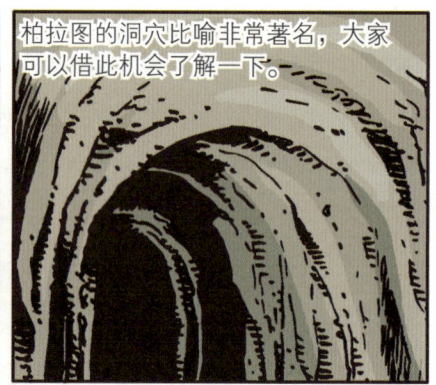

在前文中，苏格拉底通过"太阳"和"直线"的比喻，解释了通往善的理念的道路。

现在我要继续通过"洞穴"的比喻，对善的理念进行说明。

柏拉图的洞穴比喻非常著名，大家可以借此机会了解一下。

好了，我们将通过下面的故事，看看受过教育的人与没受过教育的人之间的本质区别。

让我们想象有一个洞穴，它有一条长长的通道通向外面，洞穴口外有一堆篝火。

是恐怖故事吗？

假定有一些囚徒从小就被关在洞穴里，头颈和手脚都被绑着，不能走动。

呃呃呃……

170　柏拉图的理想国

他们的头被捆绑着，无法转动，因此只能看到洞穴后壁。 "只能看到这一边，好无聊呀。在我们的身后到底有些什么呢？"	在他们身后远处的洞穴口外有火光照进来，在洞外火堆与囚徒之间有一道矮墙。 "那边好像有什么东西？" "好像是……可知道了又能怎样？"	就像是木偶戏的演员，在观众面前拉起一道幕布，然后在幕布上方表演木偶。
现在，请大家也像格劳孔一样发挥一下想象力，在脑海里描绘出这样的一幅场景。 "这时一些人从矮墙和火堆之间的路上走过。"	他们一边走，一边把用各种材料制成的假人假兽举过墙头。	而这些人中，有的在说话，有的则一语不发。 啊呜呜 咕噜噜
这是一幅多么奇特的景象啊！	苏格拉底说，我们与这些囚徒就处于相同的境地。 "嗯？你说我们跟这些囚徒一样？" "继续听我说。"	由于囚徒只能看到他们对面的洞后壁， 他们的头从小就被限制住，不能转动。
他们能够看到的就只有洞穴墙壁上的阴影。	他们会认为自己在洞壁上看到的就是真实的物体。	如果举着假兽的过路人发出声音，引起洞壁的回声会怎样呢？ "一定就是它发出的声音。" 嗷 呜

第9章　哲人统治者的诞生

那个东西竟然发出那么大的声音？它看上去很小，看来它一定很可怕。
囚徒们一定会认为阴影就是真物本身。
如果他们中间有人突然被释放，情况会怎么样呢？
啊！这个嘛？
被释放的人一定会先活动身体，因为他已经被禁锢了很久。
摇摆
快点出来！
摇摆
现在，他走到洞口，看到了火光。
啊呀——好刺眼！
快点出来！
然后，有人让他看到了之前所见其阴影的实物。
啊？这就是刚才发出吼叫的东西？
因为眼花，这时他无法正常地看东西。
呃，太刺眼了，我看不清。
如果有人告诉他，他之前所看到的阴影全部都是虚假的，
你刚才以为是老虎的那个，其实就是这只兔子。
如果有人指着墙头上经过的那些东西，问他那些都是什么，
这……这是什么东西？
他的思维一定会陷入混乱，无法相信眼前所发生的事情。
不！这些都不是真的！
或许他会坚持认为，那些阴影才是真实的。
胡说！照你这么说，我以前看到的所有东西都是假的喽？不对！你才是说谎！
如果有人硬要把他拉出洞穴，让他看到阳光，又会怎样？
不要！我不去！我不出去！
哎呀呀！

看到阳光的那一刻，他会感受到比看见火光更大的痛苦。 不要……不要管我。	他感到眼花缭乱，以至于无法看清任何真实的事物。	现在要给他一点时间。 是啊，要让他的视力慢慢适应明亮的地方。
现在，他先是能够轻松地看到阴影了。 终于能够扭头看东西了！	然后，他可以看到人或其他物体在洞壁上的影像，再后来就可以看到物体本身了。 唔……	
他先是能够轻松地看到夜晚的星光和月光。 夜空原来这么美。噢！那就是月亮呀。	然后，他会觉得在太阳升起后的白天看东西更轻松。 那些被绑住、只能盯着洞穴墙壁看的同伴们，真是太惨了。	现在，他终于要看到他最该看到的啦！
不是投射在洞穴壁上或其他地方的太阳的影子， 这……这是什么？	而是太阳本身。 啊！	他可以观察太阳究竟是什么样子。 不论火光、星光，还是月光，都无法与太阳的光芒相提并论…… 那叫阳光。如果没有阳光，任何生物都无法存在。

在他看到太阳，看到形形色色的大自然后，就会得出这样的结论。

哦！原来是这样，如果没有太阳，树木、花朵，所有的植物都无法生长。

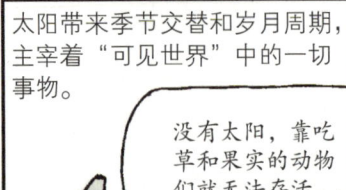

太阳带来季节交替和岁月周期，主宰着"可见世界"中的一切事物。

没有太阳，靠吃草和果实的动物们就无法存活。

然后他会意识到，太阳是自己过去所见全部事物的原因。

现在，你觉得这个人的内心会发生怎样的变化呢？

这么说，我以前所见到的那些，其实都不是真的。

回想以前的洞穴生活，在那里看到的曾经认为是真相的一切，

以前度过的那些日子，简直是浑浑噩噩！

我们看到的一切都是依靠太阳才能存在的。太阳才是一切的根源。

想到以前在一起的那些同伴，他会对自己现在的变化感到很庆幸。

到现在为止，他们还以为那些虚假的影像都是真的。如果我没有被释放出来，也还是过着和他们一样的生活。

同时他也会觉得仍然留在洞穴里的那些同伴很可怜。

如果能让他们看到，哪怕只是一点点的阳光……

可是，假如这个人重新回到洞穴，又陷入原来那种境地，

哎呀呀！不要，不要！我不要再回去！

我们放错人了，你只是和那人同名而已。

阳光照不到洞穴里面，他的眼睛会因为突然进入黑暗环境，什么也看不见。

为什么要这样耍我……

到这里就有了一个问题。

怎么突然这么静？

174　柏拉图的理想国

如果现在要他与一直留在洞穴里的人比赛“评价影像”，
监狱里也可以举行比赛吗？
我是说如果！
谁会胜出呢？
当然是那些一直被绑着的人。因为这个人刚进入黑暗的地方，肯定什么也看不到。
你说得没错。
熟悉黑暗环境也需要一段时间，所以他一下子什么都看不清楚。
你们看到的这些根本不是真的！外面有很多你们根本无法想象的东西。
其他囚徒会认为他很可怜，出去了一趟，眼睛就坏掉了。
出去了一趟，精神也变得不正常了。看来外面一定很恐怖。
因此他们根本不会产生想要出去的念头。只有那个曾经出去过的人苦苦哀求着。
请放了我吧，我不想留在这里。
如果这时有人要释放他们，说要带他们出去，会怎样呢？
嗯，今天要释放三四名囚犯，出去吧！
囚徒们会猛烈地反抗，如果可以的话，甚至想要杀掉那个让他们出去的人。
我不出去！我不出去！
洞穴的比喻到这里就结束了。这个比喻很著名哟！
好像听故事一样，请继续吧。
呵呵，学习哲学时你会发现，里面有很多有趣的东西。
从积累常识方面来看，学习这些内容也是很必要的。
啊！我积累的常识已经越来越多了。如果哲学都是这样的故事就太好了。
常识
常识
常识
常识
常识
常识
我们再来了解一下，这个比喻中不同内容的象征意义。
这里的洞穴囚室就代表着我们用眼睛看到的世界，就是所谓的“可见世界”。
洞穴口的火光象征着太阳的力量。囚徒被带出去看到外面的风景，代表灵魂上升到“可知世界”。

在“可知世界”中最后看到的，
就是善的理念。
砰！
而太阳就象征着善的理念。
善的理念是一切真理和理性的根源。
这其实还是在重复刚才的故事，没什么难的吧？
嗯，善的理念就是真理和理性的根源，对吧？
洞穴里被捆绑的人，就象征着没有受过教育，不知道真理的大多数人。
他们看到阴影，就认为那是真实的存在。
现在让我们把前面的内容总结一下。
在真实之境存在着“理念”，但是人们却意识不到。
因为人们一直生活在洞穴里，看到的都是虚假影像，不认识太阳，也就无法理解真正的理念。
只有脱离虚假世界达到真实之境，才能明白什么是真正的理念。
没错。他们以为洞穴中的世界就是全部的世界。
哲学就是要唤醒人们，将人们引向真理。……
要让他们知道，还有比火光明亮得多的光芒。
还有这么耀眼的光芒……真是太出乎意料了！
未来担当国家统治者的人，不能只知道洞穴里的“影像世界”（象征可见世界），
还应该能够看到洞穴外的“真实世界”（象征可知世界）。
也就是说，必须能够看到善的理念。要做到这一点，可并不容易。

第9章 哲人统治者的诞生

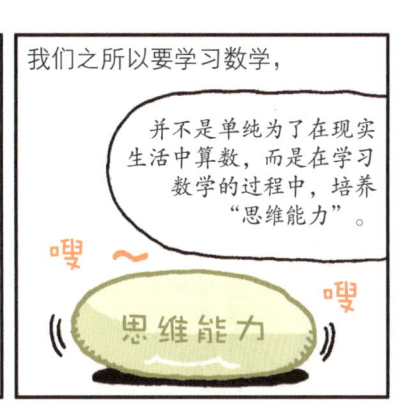

也能够帮助我们更容易地理解善的理念。
可以去请教一下那些数学好的朋友嘛。
咚
咚
第三个必须要学的科目就是天文学。
啊！天文学？
哇！
天文学是通过观察天空中星体的运动，学习秩序和规律。
我对天文学很感兴趣。
最后一个科目就是和声学。如同在天文学中通过视觉研究天体的运动规律一样，
和声学？
现在要利用听觉，来研究声音的规律。
啊！好难哪……
完成了这些预备课程之后，要再次进行选拔。
经过这样的选拔之后，得到的肯定都是最智慧的人。
然后就要正式对他们进行哲学教育。
学习有意思吗？
很有意思！
要让他们集中学习辩证法。
辩证法？好像在哪里听过……
辩证法！
辩证法是即将进入统治阶层的年轻人必学的最后科目，也是必须要通过的最后一关。
呼啦啦
辩证法
“辩证法”一词，原本是指谈话、辩论的技巧，后来加以发展引申。
真正的哲学只有通过辩证法去实践。
辩证法
说到辩证法的创立者，应该是古希腊爱利亚学派的芝诺。
他认为，从对方的论断推导出谬误的结论，就可以否定对方的命题并证明自己的观点。
请再说一遍好吗？

就是从对方的观点出发，推导出自相矛盾的荒谬结论，从而驳倒对方的命题。

因为从你的命题得出结论是自相矛盾的，是不合实际的。所以，我的主张就应该成为命题。

这种辩论方法被苏格拉底加以发展，然后又传到了柏拉图的手上。

但是，辩证法通过反驳对方的观点，

我不同意金议员参加竞选。

并将对方论断中的矛盾加以揭露，

我们应该鼓励另一个人的善行，让那个人当选。

所以并不适合心理还不成熟的年轻人。

对于意志薄弱的人来说，辩证法甚至可以说是非常危险的。

一起跑吧！

所以，必须在经过预备科目学习并达到了一定年纪（30岁）的人中，

过了血气方刚的时期，到稍微冷静一些的年龄，30岁上就差不多了。

再次进行选拔，然后对这些人开展辩证法训练。辩证法教育需要5年左右的时间。

5年以后，这些人就是35岁了，还要让他们继续积累各种实际经验。

必须要通过测试。还要负责指挥与战争有关的事务，

这都是成为统治者必需的步骤，对不对？

担任必要的官职。

第9章　哲人统治者的诞生　179

还要接受考验，看看在面对各种诱惑时能否坚定不移。

这个过程大约需要15年左右。

这么说，一辈子都要跟哲学在一起。

现在，这些人已经到了50岁。如果他们能够胜任前面所说的公务，

并能在实际公务和知识学习上均表现优秀，

就可以到达最终目标了。

最终被选中的人就要出场了。

现在要对他们进行最后的考验。

请到这边来。还剩下最后一个科目。

让他们看到善的理念。

他们必须以善的理念为原型，管理好国家、公民及他们自己。

在以后的日子里，他们要用大部分时间来研究哲学，

要不要再讨论一下前面说过的辩证法？那可是很重要呃。

轮到自己值班时，则要努力处理好政务。

当他们培养出跟他们一样的接班人时，就可以辞去职务，进入乐土，并定居下来。

以后的岁月，我一定会过得平安幸福。

乐土

柏拉图的理想国

国家将为他们建立纪念碑，像祭神那样祭祀他们。
可以考虑把他们奉为守护神。
呃……把人奉为神？
还有，这些统治者的选择与男女无关。
男女平等！太棒了！
虽然在现实中很难实现这样的国家和制度，但也并不是绝对不可能的。
这是建立伟大国家的最佳途径。
我有一个很好的方法，可以更快地实现这样的国家。
必须由国家来负责全体公民的教育。
全部吗？
当然！
从出生到10岁，从10岁到20岁，从20岁到30岁。
1~10
10~20
20~30
按照这样三个阶段，都由国家严格管理和指导，这是最好的方法。
统治者的教育由我一手包办！
当时雅典的教育都是以家庭为中心进行的。
孩子，怎么能天天只是玩儿呢？妈妈给你读书好不好？
刚才保姆已经给我读过了，现在我要玩水。
从幼儿到7岁这个阶段，一般都是由奴隶或者父母来教育，
从前呀，有一个农夫……
而7~13岁的初级教育，13~16岁的中级教育，则是由私人老师完成的。
还能请得起家庭教师，家境一定很好。
这不是我们要讨论的重点。

当然，对于高等教育，比如修辞学或哲学教育，则是通过一些非常规方法进行的。

好，今天我们来继续学习那天的课程吧。

柏拉图提出，要从根本上改变当时这种教育制度。

呃！

废止私教

这种私人教育不能再继续下去了！

同意！

要建立完整的公共教育体系。

现在私人教育的费用越来越高了。

以前都说鸡窝里飞出金凤凰，可现在，如果没钱什么都学不了！

首先，每个家庭要通过各种书籍和故事，对孩子进行早期教育。

统一的早期教育

所有的孩子都是在相同的年龄，从同样的起点出发。

孩子到10岁以后，为了能够接受健全而崭新的教育，

这么快就10岁了！呜呜呜——

要让他们离开父母，把他们全部送到乡村。

一定要成才呀！

因为父母都是形形色色的人，必定会带给孩子各种负面影响。

我要赶快长大，也成为那样的人。

现在，10岁的孩子聚集在一起，该做些什么呢？

182　柏拉图的理想国

要让他们发挥出个人潜质。
以前的学习都是强制性的，头脑里可能什么也没有留下。
呃！这个实在不适合我。
心情愉快地学习，效果会更好。
这话我很喜欢，回去一定要告诉妈妈。
就这样过了10年，
20岁以后，要带他们去看看成年后将要做的事情。
并让他们开始积累有关的经验。
到30岁时，就可以按照前面说过的方式，进行选拔和教育了。
柏拉图认为，必须采取这种有组织成体系的教育方法，
嘿嘿，柏拉图大叔原来是这样啊！
是不是该去做个美容？
才能培养出可以实现理想国的哲人统治者。
不管怎么样，我提出的教育方法很棒吧？
这么说，从具备潜质的年轻人，到成为哲人统治者，
怎么会这样？
你……你怎么了？
从10岁到50岁……哇！竟然需要40年！
我不当统治者！
嗵
嗵
好吧……统治者也不是谁都能当的。

你了解辩证法吗

"辩证法"一词的原意，指的是谈话、论战的技巧。在辩证法创始人芝诺生活的那个时代，辩证法是指进行讨论或辩论时所用的一种对话方式。进入"诡辩家时期"之后，辩证法则沦为了"为辩论而辩论，为反驳而反驳"的一种谈话技巧。

后来，在苏格拉底和柏拉图的努力下，辩证法又重新成了一种哲学的方法。苏格拉底就是一位把辩证法应用于对话和辩论中的高手。他经常在雅典的街道上，与很多人一起讨论各种哲学问题。他会提出问题让对方回答，然后再就这一回答逐步深入展开讨论，让对方感觉到自己前后矛盾，最终让对方同意他所提出的观点。

继承了苏格拉底思想的柏拉图，对于辩证法的发展也做出了很大贡献。他认为，辩证法是学术研究的最佳方法。如果说苏格拉底的辩证法是把重点放在与对方进行问答的技巧中，那么柏拉图就是将辩证法用作了探索真理的思考方式。柏拉图在思索和寻找真理的时候，总是会自问自答，与自己展开对话。然而，作为柏拉图学生的亚里士多德却并不认同辩证法是一种研究学问的方法，他觉得，辩证法只是思考过程的一种训练方式而已。

▲ 芝诺，古希腊哲学家。他的哲学以伦理学为中心，与自然和谐统一的人生是他的目标。

而再次为辩证法赋予重要性的哲学家是康德。在遇到那些貌似正确、但实际错误的推论时，他会将辩证法作为一种对其进行批判的工具。还有一位叫作黑格尔的哲学家，他认为人在认识所有事物时，都要经过正—反—合这三个阶段，而这个过程就是辩证法。"正"是无视自身所包含的矛盾，并且无法正确认识这个矛盾的阶段。"反"则是矛盾自觉暴露出来的阶段，而像这样面临这种矛盾，就进入了"合"的阶段。"合"是正与反综合、统一后的阶段，在这里，在正与反中曾经看到的两个规则被一起否定，再被同时复活和统一起来，也只有这样，才能获得正确的认识。

▲ 康德，德国哲学家，西欧近代哲学的集大成者。他批判传统的形而上学，创立了批判哲学。

▲ 黑格尔，继承了康德哲学的唯心主义哲学家。他的逻辑学和哲学的核心，就是将所有事物的展开分成正、反、合三个阶段的辩证法。

第10章 堕落的国家和堕落的灵魂

前面，我们已经知道了最伟大的国家应该是什么样子。

本来我们是想分析最差的国家才开始讨论的，现在是不是应该回到正题上呢？

我记得老师说，除了正义的国家，其他种种国家必定是错误的。你还说过，其他国家制度有四种类型。

每种国家制度都有相对应的人。

我们之所以要讨论错误的国家制度，

是为了要知道哪些是最善的人，哪些是最恶的人，以及最善的人是不是最幸福，最恶的人是不是最痛苦。

长篇大论呀！

格劳孔要求苏格拉底说说那四种错误的国家制度。

希望也能像前面那样说得容易懂……

柏拉图的理想国

四种错误的国家制度是什么呢？
荣誉政制
寡头政制
民主政制
僭主政制
政制？那是什么意思？
政制，是政治体制的简称，意思就相当于国家制度。
错误的国家制度包括：荣誉政制、寡头政制、民主政制以及僭主政制。
“荣誉政制”就是大家常说的斯巴达式国家。
全体列队！
唰
“寡头政制”指的是由经济富裕的少数人支配的国家，“民主政制”是接着寡头政制之后产生的，“僭主政制”就是……
这个我来说吧。僭主政制是我生活的那个时代，希腊最常见的一种独裁体制。
如果再加上前一章提到的“哲人政制”，一共存在五种政制。
扑一通
荣誉
寡头
哲人
民主
僭主
有趣的是，每种政制里都会有相对应的人。
我们像什么政制？
首先从荣誉政制开始讲起。
“荣誉”不是好的意思吗？
荣誉政制
但是，如果从实际情况来看，就不那么“荣誉”了。
荣誉政制是怎样产生的呢？搞清这一点非常重要。
即使是最伟大的国家，也不可能永恒存在，这的确让人遗憾。而政治制度，会在支配力发生分化时，随时出现变化。
支
配力
支配力的分裂，听过这种说法吗？
包括哲人政制在内，都是因为统治者与辅助者之间的内讧而灭亡的。
问题的源头在这里。
不要用手指我！我很不高兴。
统治阶层
在统治阶层的后代中，有一些孩子出生在“不良时期”。
是说生辰八字吗？嘿嘿。
……

188　柏拉图的理想国

他们充满激情，争强好胜，热爱荣誉。

那么，与这种政制相应的人是什么样的呢？

这些人性格固执，对奴隶态度严厉，对自由人表现和蔼，对统治者极端恭顺。

他们热爱权力，崇尚荣誉。年轻时视金钱如粪土，但随着年龄的增长，会变得越来越爱财。

所以，他们不够成为最好护卫者的资格。

让我们举例来看看这种人的产生过程吧。

比如，有一个年轻人，他的父亲是善的。

他在长大的过程中也将继承父亲的这种善。

但是，这个年轻人受到来自于其他人的不良影响，

即使他已经从父亲那里得到了一些理智，

嘿，一起玩吧？

也会由于其他人的影响，同时产生出欲望和激情。

他天性纯良，但由于受到坏影响，激情超越理智，占据了灵魂的主导权。

哼哼，这才是人生。我想做什么就做，不想做就不做，因为这是我的人生！

啧啧……

最后，他将成为荣誉政制的青年类型。

看什么看？

咕咚

第10章　堕落的国家和堕落的灵魂

现在轮到寡头政制了。
如果用一句话概括，寡头政制就是最重视金钱的国家。
从现在的角度看，它似乎只有资本主义社会的阴暗面。
寡头政制来源于荣誉政制。
嗯，光是听上去，就觉得这种政制不太好。
讽刺地是，摧毁荣誉政制的根源恰恰就是统治阶层的丰厚财产。
这些都是我的，谁也不能动！
统治阶层内部互相竞争，都希望拥有更多的财富，长此下去，善德变得越来越少。
请做做善事吧？
我昨天股票赔了很多，等我那些钱都赚回来再做善事吧。
财富和善德，形成了反比的关系。有钱的人得到尊重，善良的人却受到藐视。
原来非常热爱胜利与荣誉的荣誉政制，最终——
总去做善事，是为了拉到选票吧？
被崇尚金钱的寡头政制所取代。在这样的国家，制定法律时也会以财产的多少作为标准，财产少的人不能担任任何官职。
政治也要由金钱决定。连钱都没有，还谈什么政治？还是想想今天挣了多少钱吧。
这样的国家能够走下去吗？
当然不行！绝对不能让这样的国家存在下去！
就好像挑选船长时，不考虑他的航海技术，
而只以财产为标准，那将会是一次多么可怕的航行啊！
我在世界各地拥有10多家酒店，我的钱数不清……如果你们选我，我一定会给大家好处的！
国家的政治其实也是一样。
有这么多钱，我去从政吧！

那么，这样的国家里只有富人吗？
行行好吧！
你的脏手往哪儿摸？
有富人，就一定会有穷人。
啪
一个人有钱，然后重复投资，会变得越来越有钱。
没错，钱可以生钱，哈哈哈！
相反，穷人只能勉强维持生活。
有句老话叫“富益富，贫益贫”，真是感同身受啊！
贫
富
贫富两群人生活在一起，就会相互敌视，爆发矛盾。
当然了！
而且，乞讨、偷盗的事情也会增多。
我只偷富人的钱，是杀富济贫。
小偷！怎么说都是小偷。
之所以会出现这样的人，是因为教育不够，或是接受了错误的教育。
国家这样下去可怎么办……一定要改变这种状况。
是的，最终原因还是错误的政制。
堕落的国家……
现在，我们已经了解了从荣誉政制到寡头政制的转变过程。
荣誉政制的人生下孩子并教导他，孩子开始时会处处效仿父母的样子。
可是，如果父母受到了惩罚，被处死或被流放，并没收财产，他的儿子目睹这一切后，会变得非常胆小。
查封

然后，对于荣誉的爱与激情随之从他的灵魂中消失，剩下的只是为了摆脱贫困而四处奔波。
便宜卖啦——
最后，他的理智与激情会完全臣服于欲望，一个曾经热爱荣誉的青年，转瞬就变成了贪恋金钱的青年。
我也想要荣誉！可是，荣誉又不能当饭吃。你现在嘲笑我，要是你也落到我这种境地，肯定也是一样的。
现在我们来看看民主政制。
从寡头政制向民主政制的转变，根源则是那些人永远无法满足追求财富的欲望。
看到这里是不是觉得有些奇怪？今天的我们，认为最好的政治制度就是民主制，
我们要建立民主国家！打倒独裁者！
哇~
最理想的国家就是民主国家。
苏格拉底不是总是说反话的吗？
哐当
民主国家
实际上，苏格拉底对于民主政制是这样说的，
充满恶行，而且无法融洽相处的政制，就是民主政制！
你说什么？！
民主政制是从寡头政制发展而来的，所以我们要先了解寡头政制的衰败过程。
轰隆隆
寡头政制
寡头政制的问题就在于对财富无休止的贪婪。
统治者并不介意许多年轻人是否在挥霍浪费。
用吧，尽情用吧，哈哈哈哈……
相反，他们会收买那些年轻人的祖产，让自己变得越来越富有。
利息100%！没商量。

这样一来，统治者变得愈加富有，并受到更多尊崇。
他跟我们的生活完全不一样。
在寡头政制中，没有人认为铺张浪费是不好的。但是，这些毫无节制的人，肯定会慢慢变得一无所有。
奇怪，我本来很有钱的呀……
陷入窘境以后，他们无所事事，同时负债累累。
赌博
谁想发大财，就快到这个人间乐园来吧！没有钱也没关系，如果输了，可以卖身抵债。
这些穷困潦倒的人憎恨那些夺走他们一切的人，于是聚在一起秘密商量，希望革命。
我们必须要推翻这个社会！
但是，那些一心只想着敛钱的统治者，对此却毫不关注。
统治者和他们的家人，依然每天过着骄奢的生活。
啊，好累呀。
除了敛钱，他们对任何事都不在意。对于伟大和正义更是漠不关心。
能为慈善机构捐点钱吗？
我现在正忙着赚钱，等我赚更多后再帮助你吧。
结果必然是矛盾爆发。
我实在受不了啦！
穷人和富人相互对立，最终穷人获胜。
你知道饿肚子的滋味吗？你了解贫穷吗？
我为什么要知道这些？
然后，富人被处死或流放，穷人则获得了平等做官的机会。
当通过抽签分配官职的时候，民主政制就产生了。
投票箱
苏格拉底所讥讽的，就是当时雅典的这种民主制度。

在苏格拉底看来，这种民主政制的突出特点就是毫无限制的自由。

什么都可以说的舆论自由，

以及什么都可以做的行为自由，因此在这种政制中会存在多种类型的人。

而且，在这种国家里，即使具备统治者的潜质和能力，

也不一定会承担统治者的职责。

啊？

另外，如果不愿意，也可以不受统治。没有任何的强迫、制度或者规范。

这样的话，善良老实的人是不是会过得很辛苦呢？

别人在作战，你也可以不上战场，

别人希望和平，如果你不愿意，你也可以要求战争。

在这样的国家中即使不具备能力和智慧，

就好像演员演戏那样吗？

统治者先生，当您说到关键的内容时，要流下几滴眼泪。

有没有眼药水呀？我实在没有眼泪……

只要能取悦大众，就能够成为统治者。

我爱你们，为了你们，我愿意牺牲一切……呜呜！

这里又不是舞台，脑袋真是坏掉了。

因此，苏格拉底认为这样的国家最终就相当于一种无政府状态，

呼

这是一个非要将不平等的人平等对待的奇怪国家。

哇噢

现在该来看看从寡头政制向民主政制的转变过程了。

想象这样一个年轻人，没有受过教育，被培养得吝啬小气。

当他与能够为他提供快乐的人在一起时，

只要照我们说的做，你就可以为所欲为啦。

194　柏拉图的理想国

这个年轻人的内心会从倾向于寡头政制，开始向民主政制转变。	在他的灵魂中，寡头政制和民主政制展开了激烈的争夺。"让我听他们的……就可以为所欲为？他们到底想让我怎么样呢？"	寡头政制占上风，各种欲望被赶走，灵魂能暂时获得平静，"肯定是有限制的。这个世界上哪有免费的午餐？"
但是，欲望很快又会冒出来，最终完全占领这个人的灵魂。"不！就算我努力工作一辈子，也挣不到那些人给我的十分之一！"	占据这个人灵魂的欲望，会将他拉到自由放任的一边。"我决定了！就照你们说的去做！"	他开始视傲慢无理为教养，视无政府状态为自由，视奢侈为慷慨，无耻也可以看作是一种勇气。
完全变成这种状态以后，这个人会每时每刻都忙于满足自己的欲望。	今天是喝酒作乐，明天则是只饮清水。	今天热衷体育运动，明天可能游手好闲，懒惰懈怠。"我想怎么样就怎么样！不是说可以随心所欲吗！"
那么，如果突然让他接触到哲学，"不能光想着钱。我也要拥有荣誉……"	他也会参与到政治中。"怎么什么人都跑来谈政治？"	如果他羡慕发动战争的人，就会倒向那一边。"什么？战争！哇，太有意思了！我也要加入！"

第10章　堕落的国家和堕落的灵魂

如果他羡慕挣钱的人，就会倒向这一边。

他的人生没有秩序，也没有计划。

不管怎么样，我的生活很自由，也很幸福！

苏格拉底非常严肃地批判了这种所谓的自由与平等。

现在，苏格拉底要开始论述僭主政制了。

僭主政制是从民主政制发展而来的……

民主政制是因为对自由的无节制追求而倒台的。

民主政制 自由

在渴望绝对自由的民主国家中，统治者如果不给予公民充分的自由，就要被打倒。

赶走他！

顺从于统治者的人则被指责为是奴仆或者胆小鬼。

这是多么野蛮的行为？请你们自重，一定要自重！他可是这个国家的领导者！

那个家伙是独裁者的走狗！先抓住他！

所以，统治者与被统治者，几乎没有什么区别。

也因此，在这样的国家里，达到了极度的自由。

自由 自由 自由

极度的自由甚至延伸到家庭和动物身上，整个国家都处于一种无秩序的状态。

家庭和动物会怎么样？

比如，子女不怕父母，反而是父母惧怕子女。

老李，不要干涉我！妈妈算什么，凭什么总是对我指手画脚。

你！你竟然管妈妈叫老李？这都是跟谁学的？

学生不敬重老师，年轻人不给老人留情面。

柏拉图的理想国

还有更极端的情况，就是奴隶与主人享受同等的自由。

客人要来了，你快去准备一下食物吧。

我今天不想工作。

甚至连牲畜，比如狗、马、驴等，都敢与主人顶撞。

全世界都自由得过了头。

咋啊啊！驴子疯了！

如果把所有这些事情都合在一起，会酿成什么样的后果呢？

这个国家的公民变得非常敏感，哪怕要稍微向某人臣服，他们都接受不了。

最后，连法律也成了摆设，无法约束人们。而这，正是僭主政制产生的根源。

因此，极端的民主政制必然会导致僭主政制。

就是说，极端的民主会变成极端的独裁？

是的。

在民主政制中会出现三种人。

第一类是最强大、最勇敢的人，他们成为统治者。

我很厉害吧！

他们要在讲坛演说，也要脚踏实地办事。

为了维护这个伟大的国家，我们必须团结一心。哈哈，连我自己都觉得这是个很棒的演说。

追随他的人会聚集在讲坛周围热烈附和。

统治者万岁！团结万岁！

可以把这些统治者看作是雄蜂。

第二类是富人，他们只关心怎样能更多地积累财富。

有钱才能从事政治。

他们的作用是供养雄蜂。

难道不是吗，统治者先生？

是……是的，非常感谢。

第10章　堕落的国家和堕落的灵魂

第三类是普通民众。他们自食其力养活自己。
他们不参加政治活动，也没有多少财产。
就算天天工作，想买房子也是白日做梦。
但是，如果把他们的力量集中起来，就会成为人数最多、在民主政制下最强大的阶层。
这三类人之间充满矛盾和分裂。
首先，统治者（雄峰）用富人的蜜糖作为诱饵，
你们过得这么艰难，都是因为那些富人太贪心了。我支持你们罢工，要求他们提高工资。
嘁嘁
喳喳
将民众吸引到自己这一方，然后攻击富人。
当 当
富人为了保护自己的安全和财产，
富人们正在集会。
希望重新实现寡头政制。
统治者想要陷害我们，我们必须要想出对策。
这样，富人和民众之间不断出现互相检举、互相审判的事情，事态越来越险恶。
提高工资
统治者将富人的财产分给民众来笼络人心，
放心去干吧，后面有我呢！
提高工资
他们躲在势力强大的民众身后，以民众的指挥者自居。
最后，国家发生内乱，而统治者则从民众的指导者，悄然变身为僭主（独裁者）。
嘿嘿嘿
为什么会那样？

起初，统治者对每一个人都面带微笑。
别担心，国家会负责你们的生活。
养老院
乐善好施，让大家认为自己不是暴君。
他豁免债务，分给穷人土地，表现出一副和蔼可亲的样子。
这次，统治者好像很体恤我们。
是啊，看来我们只要努力工作，就会有好日子过了。
然后，他会为如何让自己的地位更持久而深思熟虑。
嘿嘿，下一步该做什么呢？
最有代表性的就是发动战争，这样就可以让大家一直处于需要指挥者的状态。
是的，发动战争。可以让民众产生爱国热情，只要获胜，我就能成为英雄。
砰
啪
另外，他还提高税收，让民众每天只能忙于生计，
每天辛苦地工作，然后就是忙着交税！
而无暇去顾及其他。
开始时不是对我们很好吗？可现在我们的生活却越来越差了！
肯定是哪里出了错！
最后，他终于遭到民众的反对。
不行！反对我的人太多了，必须要增加警卫。
嗒嗒
统治者增加了护卫队，而为了维持这些护卫的开支，他必须不断地剥削民众。
那些人花的钱都是我们交的税啊……
而这样，就形成了僭主政制的典型模式。
第11章见吧！
呃啊啊

为公民服务的民主制

民主制是一种坚信所有权力都来自于公民的政治体制。民主制的根本理念就是实现人的尊严，通过制定法律和制度，努力实现人的价值。那么，为什么柏拉图这些古希腊的优秀哲学家都不太喜欢民主制呢？

人们普遍认为，近代民主制的根源就是雅典的民主制。在公元前507年，雅典人以克里斯提尼为中心推翻了僭主统治，用民主政制取代了贵族政制。后来，克里斯提尼组成了五百人议事会，此举也很好地削弱了贵族的影响力。

后来到了公元前5世纪时，一位名叫伯里克利的杰出政治家又将这种制度进一步发展，让议事会成为国家政治的中心。所以，城市的一些重要提案，都是由所有公民参加的议事会来决定的。当负责执行的十名

▲ 从雅典卫城向下俯瞰的Agora广场。Agora是古希腊城邦中心位置的广场。Agora有"集合"的意思，意思是人们举行集会的场所。

将军出现错误时，议事会也可以将他们驱逐，甚至是判处死刑。不过，根据学者们的研究，雅典民主制的实际情况，与我们现在所主张的民主制有很大的差别。首先，当时能够感受到民主制福泽的人数非常之少，当时城邦的全部45万人口中，除了外国人、奴隶、女性，只有大约4万名希腊成年男子能享受到

▲ 韩国的国会议事堂。议事堂是象征着国家民主与民权的地方。

这种制度所带来的好处。此外，这其中还有很多人每天要为生计奔波，所以真正能够参与到议事会的人不过只有几千人而已。另外，在挑选代表议事会的这500人时，也存在着严重的贿赂问题。最终，有钱、有时间、力量足够强大的贵族控制了五百人议事会。而他们所决定的政策当然都是以自身利益为出发点的。在苏格拉底和柏拉图生活的时期，这种氛围更是甚嚣尘上，国家的政治实际上是被那些口蜜腹剑的煽动家所左右着。所以，苏格拉底与柏拉图当然都无法接受这种政治制度。不过，幸好民主政治最终还是战胜了各种问题，才有了今天这样的地位。当然，现在的民主制也依然存在不少问题，但是至少每位公民无论身份高低，都拥有投票权，可以表达出自己的声音。

第11章 心中的理想国

下面，该讲到僭主政制的代表人物了。

僭主式人物，首先要经历民主式人物的类似发展过程。

如果往前追溯，你还记得民主政制的人是从寡头政制的人发展而来的吗？

寡头式人物，前一章中好像出现过。

吁——可以的话，请继续听我说吧。

民主式人物是由只知道经商赚钱、节俭吝啬的父亲（寡头式人物）培养出来的。

没错，寡头政制的人都是一些贪婪吝啬的人。

这类年轻人在某些人的影响下，过着奢侈浪费，无法无天的生活。

还有谁比我会花钱，站出来看看！哈哈哈！

这都是因为他非常厌恶父亲的吝啬。

我父亲是那种把金钱看得比自己的孩子还重要的人。这就是这种父亲所挣下的钱，我要把它们都挥霍干净！

202　柏拉图的理想国

但是，他的本性还是要好于那些教唆者。

在两种力量的作用下，他终于走上了中间的道路。

孩子，妈妈错了。

于是，他变成了不会只沉迷于金钱，而是能适当享受各种快乐的民主式人物。

我爱民主制。

他的生活既自由，也不违法。

我是一个遵纪守法的善良人。只不过是钱比其他人稍微多一点而已。

现在，这个年轻人慢慢长大成年，也有了自己的孩子。

儿子，爸爸是热爱民主制的。

他也用自己的生活方式教育孩子。

父母和亲戚鼓励孩子的一些可接受的欲望。

吃相要好看些！

而那些教唆者，却把这个孩子拉向了极端的自由和放纵。

你想怎样都可以！不管是什么，只要你愿意！

这样一来，这个孩子开始了无休止的享乐。

他的生活被鲜花美酒、靡靡香雾所包围，终日沉湎于享乐。

他的灵魂被疯狂填满，已经无法感觉到羞耻。

羞耻？是什么东西？

这样的僭主式人物，灵魂完全被欲望支配，

全世界都是属于我的！啊哈哈——

只知道沉迷酒色，状态几近疯狂。

啊哈哈哈

啧啧啧……

第11章　心中的理想国

203

他的生活每天就是吃吃喝喝，各种欲望与日俱增。
已经有了这么多，怎么还是觉得不够呢？
他肆意挥霍财产，以便可以满足各种新的欲望。
债务也因此越来越多。
债务
现在他不得不去谋划抢夺别人的财产，甚至是向父母的财产伸手。
父母的钱就是我的钱，这不叫偷……
如果遭到父母的拒绝，他首先会花言巧语地去骗取。
啪
如果不行，则不惜对父母使用暴力。
砰
砰
生下这样一个如同暴君的儿子，还有什么幸福可言呢？
啊！怎么能打自己的爸爸妈妈？这个人真是太坏了。
如果剥夺了父母的财产之后依然不够，他就可能会潜入别人家中偷窃，
啊！
嘿 嘿 嘿
或者在深夜抢劫过路人的钱财。
把身上的东西都交出来！
如果这些依然不能满足他的要求，他是不是会去洗劫神庙的财产呢？
哇！那时的神庙，可不是谁都能随便出入的……
在欲望的支配下，他还会做出更多可怕的行为。
比如杀人越货，或者亵渎神圣。
啊！越来越让人受不了！

而他周围的人，也多是阿谀逢迎之辈。为了满足他们自己的需要，

噢！大方又有气概的朋友，我发誓，我会一直是你的朋友。

对他极尽奉承之事。

嘿嘿！

而那些人一旦得到了自己所要的，立刻就会变换新的目标。

人都跑哪儿去了？

因此，僭主式人物一生都无法与任何人成为朋友。

这个世界上没有一个人是可以相信的！除了我自己，谁也不能信！

砰

他永远体会不到真正的自由和友情。

就算是这样，我也没什么好遗憾的！

他成了失去信任的人，成了最不正义、最坏的人。

从小就具有这种天性的人，如果以后成了统治者，也一定会是那样。

这么肯定？

点头 点头

随着年龄越来越大，横行霸道的行为也会愈演愈烈。

所以，最恶的人也正是最不幸的人！

哼哼

那么，当僭主时间最长的人，岂不就是最悲惨的人吗？

每个人都怕我。所以，谁也不敢靠近我。我没有真正的朋友。

结论就是，如果将前面说过的理想国与刚才所说的僭主国家相比，是从一个极端走向了另一个极端。

也就是说，这个世界上最悲惨的国家是僭主政制的国家，

嘻嘻嘻……

最幸福的国家是哲人统治的国家。

第11章　心中的理想国　　205

柏拉图的理想国

是的，他们既紧张又害怕，担心奴隶们会趁机消灭自己。
所以他会去巴结一些奴隶，许诺将会给他们自由。
只要你听我的话，我就会给你自由。
可能连他们自己也想不到，他们要去巴结自己的奴隶。
嘴上说说也做不到吗？
假设神明在这里又安插了一些邻人，这些人是不允许任何人奴役别人的，情况又会怎么样呢？
又送人过来？啊，真是烦死了！
富人的处境会更加糟糕。
我是富人，现在却要饿肚子，为什么？
신
他陷入了比之前更大的恐惧中。
这就是僭主式人物的情况。
僭主
因为他的身边都是他的敌人。
僭主式人物的实际生活，就是完全被恐惧和欲望包围着。
他的处境如同被关在监狱里一样。
哼哼哼～
他喜欢自由观光，但却因为恐惧而要深居禁宫，
我也想去外面赏花……
自己出去不就行了？
每天关起门来待在家里。
要是我去赏花的时候，背后有人拿着刀砍我怎么办？恨我的人不知有多少呢！

他成了最悲惨最不幸的人，
他的欲望永远无法得到满足。
真的是这样。
更可怕的是，他要一辈子
都生活在恐惧中。
一辈子?！
紧张和痛苦会伴随他的一生。
呃！总是担心睡觉时有人来刺杀我，连觉也睡不踏实。
当这种类型的人真的成为统治者，就会让自己陷入更大的不幸中。
发抖
发抖
因为他连自己都无法支配，
却要去支配更多的人。
我不能容忍有人反对我！
就好像要拖着生病的身体与人搏斗，并且要这样度过一生，
你悄悄骂我了对不对?
我都听到了！
无法中止或退出。
这就是反对我的下场！
如同体育比赛中要由裁判宣布比赛结果一样，现在苏格拉底与格劳孔也要做出最后的结论。
让我们回到讨论最开始的时候。
我们讨论的是正义的人与不正义的人谁更幸福，然后逐步进行到现在这里。
让我们按照他们登上舞台顺序做出判断吧。最正义的人，也就是最善者最幸福。
相反，最不正义的人，也就是僭主式的人，是最不幸的。

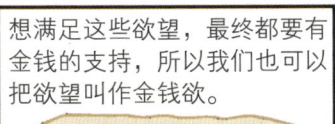

这几种类型的人可分成三个等级来确定正义与幸福的程度。

嗯……最善者与僭主式人物之间有哪三个等级呢？

幸福程度的顺序依次为：最善者（哲人）＞荣誉型＞寡头型＞民主型＞僭主型人物。

对于僭主式人物之所以最悲惨不幸的原因，还有一些话要说。

这也太过分了……嘘

每个人的灵魂都可以分成三部分。

灵魂的三部分？

在前一章中也曾经说过，那就是理智、激情与欲望。理智喜欢学习、热爱智慧，激情争强好胜、热衷荣誉。

理智 激情 欲望

欲望则有很多种类，在这里没法一一列举出来，反正与全部欲望有关。

想满足这些欲望，最终都要有金钱的支持，所以我们也可以把欲望叫作金钱欲。

在这三部分中，每个人都会认为自己选择的生活是最快乐的。

我老妈……好像就有金钱欲吧，不对，她总是要求我考第一名，难道是荣誉欲？

因此，人也可以分为喜爱知识的"爱智者（哲学家）"，喜爱荣誉的"爱胜者"，喜爱金钱的"爱利者"。

对应这三种人，也有三种快乐。

在这三种人中，谁是最快乐的呢？

对于这个问题，每个人都会有不同的回答吧。

第11章　心中的理想国

是的，要想判断哪种快乐是最好的，是让人感到最幸福的，必须先有一个标准。

而这个标准就是经验、知识（智慧）和推理（逻辑）。

嗯……必须要有判断快乐的标准以及让人感到幸福的标准。

其中，只有热爱知识、追求事物真理的哲学家能够均衡地具备所有的标准。

经验、知识（智慧）和推理（逻辑）。

而其他两种人既没有分辨能力，也不具备推理能力。

这里所说的其他两种人指的是爱胜者和爱利者对吧？

只有学习知识和探寻真理的快乐，是所有快乐中最高级的。

当然，因为这是大哲学家苏格拉底说的嘛。

苏格拉底

下面该说到荣誉的快乐以及金钱的快乐。

嗯……我要快点把老妈从金钱和荣誉的快乐中解放出来……

僭主式的人生距离知识和真理的快乐最遥远。

知识的快乐？那是什么东西？哼，我才不想知道！

这也再次证明，正义的人要比不正义的人更加幸福。

什么？说我是不正义的人？是谁？谁说的那种话？我是比任何人都更加正义的统治者！

所以说你是不正义的独裁者……傻瓜！

现在，让我们对于快乐本身再进行更深入的了解。肚子饿和口渴是一种身体上的空缺，而想要消除这种空缺状态，就要补充有营养的食物和水。

相比之下，无知和幼稚就是精神的空缺。

而这种空缺只能靠摄取知识才能解决！

知识

210　柏拉图的理想国

肉体也好，精神也好，只要能让空缺得到满足，就可以带来快乐。

哇呜哇呜

但是，对两者进行比较时可以看到，填充精神的东西是永恒而纯粹的。智慧和美德带来的快乐是最真实的快乐。

肚子好饿，什么也想不起来了。

因此，如果心灵中追求利益或者胜利的欲望，

能遵循爱智部分的引导，

就是说，用哲学支配整个心灵，那么各个部分就不会出现矛盾，就可以获得真实的快乐。

那是不是说，最基础的是要具备哲学精神。

心灵的每个部分也都会享受自己那部分特有的快乐。

可是，无法满足对于金钱或者荣誉的欲望，又是什么意思呢？

僭主式的人生，是离这种快乐最遥远的，

哦，就是那个独裁大叔！大叔应该好好学习，多学习哲学，人生肯定就会不一样啦。

所以这也又一次证明了僭主式人物是最不幸的。

就学我做笔记的那些吧。学习可不能靠别人哪！

在这里，苏格拉底认为哲人要比僭主幸福729倍，这个数字可不是随便说说的……

哲人感受到的幸福是僭主的729倍！

729倍？

不是100倍，不是800倍，为什么偏偏是729倍？

看下一页你就知道了，呵呵。

第11章　心中的理想国　211

假设A是哲人的快乐，B是寡头的快乐，C是僭主的快乐，如果A是1，B就是3（因为哲人在第一级，僭主在第三级），A：B=B：C，所以，A：C=1：9，做三次乘方后，不就是A：C=1：729吗？

什么？哲学里怎么还会有ABC呢？三次乘方又是什么意思？

现在我们再次回到"正义"这个问题上，我们来了解一下，

吁！

做不正义的事与做正义的事，分别具备哪些力量？

什么？做不正义的事与做正义的事的力量？

为此，首先要做一些准备。

?

我们先在这张纸上描绘出灵魂的样子，然后再来谈论。

我不会画画呀……

那你会干什么？

嗯……我想好了！

你是独裁者！

你好像更像独裁者。

用一幅图画展现出人灵魂中的理智、激情与欲望。

像毕加索那样？那样的画我还是有信心的。

首先，可以用人脸来表现理智的部分。

理智是一张脸。

然后，用狮子的脸代表激情。

呃……狮子的脸太难画了。

212　柏拉图的理想国

欲望部分，则画一个多头的怪物。

嘿嘿，怪物。

当然，这三个部分的大小应该是不同的。

怎么不同？

欲望最大，所以要把怪物画得最大，其次是狮子，再次是人。

画好后，将这三幅图合而为一。

这样！

再在他们外面套上一个人形的外壳。

就是这样！

也就是说，人的躯体里面共存着怪物、狮子还有人自己这三种东西。

这简直就是外星人嘛……

从外表看，他只是一个普通的人。

里面的怪物呢……？

好，现在都画完了吗？

但看上去不太像是一幅画！

嘿嘿

是不是多头的怪物最有趣？

你能画得好什么？

不过，总还是能分清都画了什么的。

要不要看看我推荐的怪物？

第11章　心中的理想国　213

首先是吐火兽，叫作“奇美拉”。
啊，这个我听说过。好像在希腊神话里出现过。
啪
它长着狮头、山羊身和龙尾。
还有一种说法，认为它是一种长着三个头的怪物，三个头分别是羊头、狮头和龙头。
而且它还能从嘴里喷火……
嗷！
奇美拉这个名字，就是“复合体”的意思。
呜嗷——
也可以指那些幻想或者想象中的物体。
你在干什么？
不要说话！我在想象奇美拉的样子。
另外还有一种叫作“斯库拉”的怪物，长着女人的脸和上半身，后背却是各种各样的毒蛇。
光是想象一下就已经够吓人的了！
还有……
还有谁？
“刻耳柏洛斯”是希腊神话中看守地狱大门的怪物。
刻耳柏洛斯？
只有我们还不够吗？
呜-呜
地狱
为什么它一出来就这么有气氛？我很不高兴。

刻耳柏洛斯长着三个狗头，蛇样的尾巴，脖子上围着一圈不停晃动的蛇头。

汪 汪 汪

它负责看守地狱的大门，不让活人进去，也不让死人出来。

任何人都不能出来！

现在，对于那些主张做不正义的事有利的人，

要是想和我们做朋友，喝酒、抽烟、歌舞都是最基本的。来，喝吧！

要让他们看看与他们的主张相似的情形

哟~

这……这是什么？

是个什么样子。他们实际上是

呃啊啊！

纵容灵魂中的怪物和狮子，使它们变得越来越强壮，而人却忍饥受饿，变得十分虚弱。

救命啊！

怪物和狮子对人为所欲为，无所顾及。

相反，主张正义有利的人，他们的灵魂中则是这样的景象。

正义地活着，最终会让所有的人得利。

没错。他们以人性主宰灵魂，驯化怪物，把狮子变成盟友。

咚

一视同仁照顾好各自的利益，让各个部分和睦相处。

第11章　心中的理想国　215

无论如何，不正义的行为，无节制的行为，令人蒙羞的状态，都不能说是对人有利的。

相反，那样的人只能变得越来越邪恶。

另外，如果做了不正义的事，却没被发现，没有受到惩罚，

原来那些犯了罪的人都没有受到惩罚。

人们就会变得更坏。

相反，被发现并受到惩罚的人，兽性的部分会被驯化，人性的部分则被激发出来，他的整个灵魂开始恢复善良的本性。

唉……我过去的生活真是大错特错了……

他找回了节制和智慧，也就拥有了正义。

呜呜……

因此，有理智的人，会把追求正义作为毕生目标。

就是像我这样的人，嘻嘻。

他会学习那些能够培养正义品质的学问。

当然了！那都是能够实现正义精神的宝贵学问。

他不会让肉体陷入到兽性和非理性的快乐中。

我要保持精神健康，请马上拿走！

在拥有了财富时，他也会保持秩序与和谐，

影响精神健康？会不会是那个？

我们又不是同一时代的人，我怎么会知道？

不会因追求财富而做出不正义的事。

这样做不就是洗钱吗？这样不可以！

放心吧，没有人会知道这笔钱的出处……

216　柏拉图的理想国

对待荣誉也是一样，他只会接受能够提升人格的荣誉。

吁！

不该拿的就不能拿，一定要活得问心无愧。

说到这里，格劳孔说：

如果有那样的人，他是不会去做政治家的。

那样的人只愿活在内心的王国里，而不是活在现实中。

理想国

对于到目前为止所描述的理想国，格劳孔认为这是世上根本就不存在的。

是这样吧，苏格拉底先生！

这个……虽然有些遗憾，但格劳孔的话是对的。

苏格拉底也同意这一点。

如果世界上根本就不存在，那到哪里去找呢？

那样的国家不在这片土地上，而是在天上。

但是，在期盼理想国的人看来，

那个国家是可以看到的，并能够让自己的灵魂生活在其中。

啪

这样来说，那样的国家是不是实际存在，或者以后是否会存在，就不那么重要了。

只剩下最后一章了，会得出什么明确的结论吗？

第11章　心中的理想国　217

第12章 对正义人生的奖赏

终于到最后一章了！这一章大致可以分为两个内容。

> 哇啊！最后一章？那我一定要打起精神来。

一个是诗人驱逐论，还有一个是灵魂的不灭与正义人生的奖赏。

> 呃！什么来着？诗人驱逐论，灵魂的不灭与正义人生的奖赏……

前面的章节中讲到，在培养护卫者时，要进行对身体的教育和对灵魂的教育。

> 要对他们进行体育教育和音乐教育。
> 嗯，记性不错……
> 我想起来了！在音乐教育中也包括文学方面。

但是，在伟大的国家里，从本质上来说，哲学教育要比音乐教育更适合。

无论是诗歌还是绘画，苏格拉底都把这些艺术活动确定为模仿行为。

> 干什么？

这个世界就是模仿真实的理念而创造出来的。

> 艺术家再次模仿这个世界，然后创作出各种作品。

218　柏拉图的理想国

也就是说，艺术品是在模仿这个世界，而世界本身又是理念的模仿，所以艺术品就是模仿的模仿。

> 山寨的山寨！

这种模仿只能制造出品质低于理念的东西。

> 质量不好。

在这里出现了"床"的比喻。

> 床有三种。

床的理念是第一种，木匠制作出的床是第二种，画家画的床是第三种。

1：床的模板（本质：床的理念）
2：木匠制作的床（理念的模仿）
3：画家画的床（模仿的模仿）

因此，画家画的床要比床的理念低两个等级。

> 因为任何一个艺术家都无法创造出床的理念本身。

那么，是谁制造了床的理念呢？

> 那就是神明。
> 神明是原型的制作者。

宽泛地说，木匠也可以算是床的制作者，但是画家或者诗人，

> 顶多只能算是模仿者。
> ……

我从小就很尊敬诗歌巨匠荷马，其实我不愿说他的坏话。

> 荷马是谁？

荷马是古希腊文学巨匠，他最著名的作品是长篇史诗《伊利亚特》和《奥德赛》。

> 啊！诗人……

这两部作品可以说是古希腊的公民叙事诗。

他对西方的文学、教育、思想等许多领域都产生了巨大影响。

> 我还是有一定影响力的。

第12章　对正义人生的奖赏

但是，苏格拉底却认为，对个人的尊敬不能高于对真理的热爱。因为诗对于国家的治理、立法、指挥战争以及其他实用技术都没有任何裨益。
诗人只是模仿者，除此之外，一无所知，绝对无法到达真理的位置。
模仿者……
而且，诗人可以轻松地唤起人们的激情，腐蚀他们的理性。
哦！燃烧中的美丽的城市！
你的热情就是为了这一刻而燃烧的吧！
他们用巧妙的手法，伤害着善良的人们。
如果除去诗歌中美妙的节奏，它就好像……
好像？
好像并非生得漂亮，只是因为年轻而显得好看的面孔。
年轻本身就是一种美。
哼
而当青春一过，容华尽失，这张面孔就会露出它的本来样子。
岁月是公平的。无论美还是丑，老了以后，都不过就是那副样子，打起精神来吧！那位丑陋的大叔。
晃
悠
现在，苏格拉底提出一个过激的主张，就是将诗人从理想国中驱逐出去。
再也不能忍受了。苏格拉底你滚出来！
诗人联盟
他认为，画家和诗人都是同一类的，他们的作品与真理比起来是劣等的，是低贱的父母所生的低贱的孩子。
低贱者！
你说什么?!
之前，苏格拉底批判的只是悲剧，而现在，他开始把矛头转向了说唱，也就是喜剧。
啊哈哈-
嘎嘎嘎-
在看喜剧的滑稽表演时，平时害羞的人也会哈哈大笑。但是通过喜剧解开情感的锁链，会带来与悲剧一样的效果，当理性想让各种欲望干枯时，诗歌却给它们浇水施肥。
就是说，如果纵容情感和其他各种欲望，就会失去理性，对吗？

因此，国家可以接纳的只有赞颂神明和歌唱好人的颂诗。
啊啊啊～
无论是抒情诗还是叙事诗，都会让痛苦与快乐毁坏人们心灵中理性的部分。
嘀哩哩，嘀哩哩～
其实，从很早以前开始，哲学与诗歌就是对立的。
没错，好像是这样的。
诗歌认为，哲学是“闲扯傻瓜中的大人物”，或者“缜密地思考自己贫穷的人”。
诗集
我认为，只有有理由证明诗歌应该存在于有秩序的国家中，才能接受它。
当然，除非可以证明诗歌在国家或人生中的有益之处。
请论证吧！只要能证明，就可以得到肯定了。
否则的话，无论多么热爱诗歌，多么被它的魅力所吸引，
如果不能证明一个伟大的国家真正需要诗歌，那么就要坚决地把诗人驱逐出去！
砰！
在柏拉图生活的公元前5世纪，有一个节日叫狄俄尼索斯节，也叫酒神节。
在希腊神话中，狄俄尼索斯也叫巴克斯，是酒神。
我知道。现在药店里有一种抗疲劳的药也叫这个名字。
这个节日每年举行四次，每次持续一周左右。
这个节日的作用相当于雅典市民的团结大会。
就好像通过奥运会或者世界杯等比赛让人们团结起来一样。
加油！加油！
嘭 嘭 嘭
除此以外，在这个节日中上演的各种悲剧，也都有教育效果。

雅典市民看到这样的悲剧,再联想到自己生活的社会都会禁不住掉下眼泪。 "呜呜,那个坏家伙。"	在节日期间,国家会支付补贴,以便让贫穷的市民也能观看演出。 "哇哦" "哇哦"	但是,作为憧憬有着严格阶层秩序的柏拉图, "我不满意,我不满意。"
并不认为把平民团结在一起的节日或悲剧演出,有想象得那么美好。 "啧啧,所有的事情都告诉给他们,以后再出现问题该怎么解决呢?"	被启蒙的平民,就不会只是单纯地服从统治者,而是开始出现批判的想法。 "那是我们的统治者,看上去好像没什么能力。"	随时都可能因为政治问题让平民们团结起来。 "力量虽然小,只要团结起来,照样可以发挥强大的威力!"

实际上,当时的诗人大多都是悲剧作家,他们营造出一个沉浸在喜怒哀乐中的虚构世界,而对于个人的理智和美德却漠不关心。

"诗和诗人,都应该对艺术有进一步的思考。"
"是的!就让那个强者继续折磨弱者,这样是不是更有意思?"
"嗯,在这部分要更加刺激情绪才好。"

现在,苏格拉底的长篇大论终于要接近尾声了。
"啊,要结束了?可我还没弄明白呢……"

最后的内容是关于正义地生活,死后可以得到更大的奖赏。 "到这里,关于正义的话题就要落下帷幕了。"	对于死后的奖赏,苏格拉底提出了灵魂永远存在,不会消失的——	"灵魂不灭论"。

第12章　对正义人生的奖赏

苏格拉底讲了一个厄洛斯的神话，以支持自己的观点。	很久以前，有一个名叫厄洛斯的男子，他在一次战争中被杀死了。——啊呀！	过了12天，当他被放到火葬堆上的时候竟然又复活了。他向大家讲述了在另一个世界所看到的情景。嗯……
他的灵魂和其他的灵魂一起结伴同行，来到了一个神秘的地方。	在那里，天上有两个洞口，地上也有两个洞口，法官们就坐在天地之间，审判每个灵魂。	
灵魂在被审判之后，就都消失在了各个洞口里。厄洛斯，快点跟上来！	正义的人胸前贴着判决证书，飞进了天上右边的洞口。	不正义的人后背带着表明他生前所作所为的标记，掉进地上左边的洞口。
同时也有干净纯洁的灵魂从天上左边的洞口下来，	沾满风尘和污秽的灵魂从地上右边的洞口上来，不要碰到我！会把我弄脏的。你比我还脏呢！	这些灵魂都像是经过了长途跋涉，现在来到了一片草场，准备野营。看来只能在这儿睡了。

柏拉图的理想国

灵魂们相互问候，彼此讲述着自己的经历。

嘿，你来的那个地方什么样？

那里非常大，真是太痛苦了。

从地下上来的灵魂描绘着自己在地下1000年的旅程中所经历的种种痛苦，而从天上下来的灵魂则述说着天上的种种美景和各种幸福快乐。

厄洛斯告诉大家，每个人都会因为自己做过的不正义的事而受到惩罚，

要受到十倍的惩罚！

啊……十倍？

在地下右边的洞口里，还有很多灵魂呼号着想要上来。

因为他们正在经受到着非常严厉的惩罚。

受到最严厉惩罚的人，大部分都是僭主暴君。

啊呀！

现在，草场上的野营已经到了第8天，他们又要重新上路了。

我们该走了！

走了3天，他们到达了某个地方，

这里？是这里吗？

他们看见一道笔直的光柱，自上而下贯通整个天地，颜色如同彩虹，但比彩虹更加明亮纯净。

太美了！那到底是什么？

又过了一天，他们到达了光柱的所在地。在光柱的中间，他们看到从天而降的光环。

这光环就好像是天的腰带，仿佛包围着整个宇宙一般。

在光环的末端会有什么呢？

第12章　对正义人生的奖赏

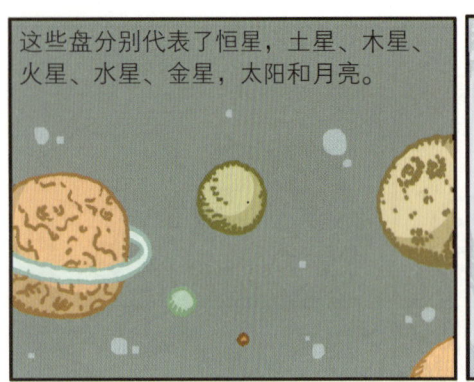

光环的末端被"必然女神"的纺锤捆绑在一起。

那就是必然女神安纳克吗?

纺锤上端连接着八个圆盘组成整体,每个圆盘也在各自转动。

这些盘分别代表了恒星,土星、木星、火星、水星、金星、太阳和月亮。

灵魂们看到天的枢纽光柱和纺锤以及组成光柱的八个旋转圆盘,

可以说这是当时人们对天体的认识。

整个纺锤体是在必然女神的膝盖上旋转着。

安纳克女神的身形肯定非常巨大吧?

此外还有三个女神,按照大约相等的距离围成一圈坐在宝座之上,她们都是必然女神的女儿,也就是"命运女神"。

女神们随着和声唱起歌,拉赫西斯唱过去的事,

请看你的过去。

克洛索唱当前的事,阿特洛泊斯唱将来的事。

你犯下无数罪孽来到这里……

想知道未来吗?你的未来就掌握在我的手中。

226　柏拉图的理想国

当灵魂们到达那里以后,有一个神使指挥他们排好次序。

> 排好队,排好队!

神使从拉赫西斯的膝盖上取下阄和各种人生模式的标签,然后登上高坛,庄严宣讲几句之后,将阄撒向灵魂中间。

> 来抓阄吧!按顺序,不要插队。

每个灵魂都拿到了一个阄,只有厄洛斯除外。

> 嗯?为什么我没有?

然后,神使把各种人生模式标签摆在他们面前。

标签的数量远远多于在场的灵魂,种类也多种多样。

> 太多了,很难选呀。

所有动物的生活与所有人的生活都放在了一起。

> 啊呀呀!这是蛇。这是蛇的标签!我拿错了!

其中有僭主的人生,而且包括各种类型的僭主。有终身在位的,

> 在朝鲜时代,英祖在位的时间就很长。
> 难道是我自己选的吗?

也有中途没落的,被放逐或变成乞丐的。

> 种类真多呀!

另外,还有一生享有荣誉的人生,也有终身背着坏名声的人生。

> 也有明星瞬间坠落变成废人的。
> 是的!

还有贫穷与富有,疾病与健康混合在一起的人生,

> 活着真是一种煎熬呀。
> 咕噜鲁

以及各种中间状态。

第12章 对正义人生的奖赏

这时候，神使说道：
即使轮到最后一个做出选择，只要他的选择是明智的也可以得到满意的生活。
换句话说，第一个选择的人并不一定就选到正确的人生，而最后一个选择的人也不必慌乱沮丧。
他的话说完后，拿到第一号的人走上前来。
我要选择僭主的人生。
愚蠢和贪婪让他做出了这样的选择，而没有进行全面的考察。
不，等等！这是怎么回事？
当他看到自己的命运中包括吃掉自己的孩子，以及各种可怕的事情时，后悔已经晚了。
他细细思考之后，开始顿足捶胸，后悔自己的选择。
咚咚
呜~
呜~
吃掉自己的孩子？好可怕……
虽然神使已经给出了警告，那个人却不知道检讨自己，而只怪罪命运与神。
命运？明明是自己选错了！
那个人是从天上走过一趟的，他的前世生活循规蹈矩。
但他前世的善是由于遵从风俗习惯，而不是由于学习哲学的结果。
做出这种选择的灵魂大多都是来自天上。
因为他们没有吃过苦头，没有受过教训。
分不清善恶的选择是危险的。
太让人担心了，真是的。
相反，凡从地下上来的那些灵魂，因为受尽折磨，
一定要认真选择。我可不想再受那些苦了。
而不会轻率地做出选择。
一次选择将会决定以后的人生。

按照是否有经验，以及抓阄的顺序，每个灵魂都选择了或善或恶的人生。

哇！

如果一个人在今生的生活中正确地学习哲学，忠实地追求智慧，

那么，他不仅今世可以得到快乐，死后以及来世，都会走一条平坦的天国之路，而不是崎岖的地下之路。

按照厄洛斯所说，每个灵魂做出的选择，

我的心情好像是坐过山车。

都是值得一看的。

有令人惊奇的，也有可怜又可笑的。

他们的选择大部分都取决于前生的习惯，出现善恶互换的情况很多。

我还是想走走过的路。要是别的路更加艰险怎么办？

我对现在这种生活已经烦透了，太平淡。我一定要过一种更壮烈的人生。

特洛伊战争时，希腊名将奥德修斯的灵魂，

没有忘记前生的各种痛苦，

抛弃了名誉，选择了一种平凡的生活。

我再也不想要什么名誉了。我只做个普通公民，和我的家人生活在一起。

第12章　对正义人生的奖赏　229

还有，有的动物选择变成人。

哇哦，我是人！我一定不会放过那些猎杀我的家伙！

不正义的人变成野兽，

野兽的生活也很有趣，嘿嘿。

胆小的人变成家畜等。

每天等着别人喂，再也不用辛苦工作了。

可最后还不是要被人吃掉。

无论怎么，所有的灵魂都选择了自己的生活模式，然后他们按照顺序来到拉赫西斯面前。

拉赫西斯是管过去的女神吧？

女神为每个灵魂派出了守护神。

守护神？守护神不是从天上下来的那些无聊的人吗？

不是无聊，是拥有德行的善良守护者！

然后，守护神分别把灵魂带到克洛索女神面前，

由她批准了各自所选择的命运。

已经确认了，以后就不要再后悔了。

守护神又将灵魂引到阿特洛泊斯女神旋转纺锤的地方，

使命运之线不可更改。

然后，灵魂们再次从必然女神的宝座前经过，全部来到了勒塞（忘却女神）的平原。

这……这是什么地方？

前面不是说过了吗？叫"勒塞的平原"。

忘却女神？

好像桑拿房？

这里气候炎热，寸草不生。

比那里还要难受一百倍。

柏拉图的理想国

傍晚，灵魂们在“勒塞之河”的河边宿营。
这里的水没有任何容器可以盛取。
无法盛上来的水？
他们要按照规定好的数量喝水，但是没有自制力的人喝下了多于规定数量的水，于是他们忘记了一切。
啊！太舒服了。听说多喝这里的水，就会忘记以前发生过的一切。
咕嘟咕嘟
顾不了那么多，我太渴了。
……
他们睡着了，到了半夜，天空中电闪雷鸣，地震也一起袭来。
轰隆隆
噼啪
因为厄洛斯被禁止喝下勒塞河水，所以除了他，所有的灵魂都向各方散去，重新投生。
啊……怎么回事？
厄洛斯自己也说不清到底是怎样复活的，
都不见了？
黎明，当他睁开眼睛时，看到自己正躺在火葬的柴堆上。
起身
厄洛斯的神话到这里就结束了。
真有趣！这么说，厄洛斯看到了人死后的整个过程。
是的。
柏拉图的《理想国》囊括了古希腊的各种智慧，在对灵魂不灭与轮回的神话描述中终于落幕了。
正义，政制，诗人，灵魂……虽然不一定完全符合现代生活，
但这本书确实给后世的人们留下了无穷无尽的思索……
我要回家好好想一想，好像懂了，又不太明白。
踉踉跄跄